Siegfried von Vegesack:
Spitzpudeldachs
Ein heiteres Buch
für kleine und große Zweibeine

Deutscher
Taschenbuch
Verlag

dtv

Dem Andenken meines treuen
und unermüdlichen Mitarbeiters
Gotthard

Im Text ungekürzte Ausgabe
Juli 1980
Deutscher Taschenbuch Verlag GmbH & Co. KG,
München

ISBN 3-7846-0067-0
Umschlaggestaltung: Celestino Piatti
Gesamtherstellung: C.H. Beck'sche Buchdruckerei,
Nördlingen
Printed in Germany · ISBN 3-423-02538-7

Das Buch

Mit schalkhaftem Humor erzählt Siegfried von Vegesack Geschichten von den vierbeinigen Bewohnern des Bayerischen Waldes. Da kommen der Maulwurf Silberfleck und das Eichhörnchen Zottelschwanz zu Wort, der Fuchs Alo von Rotrute, der Hase Langlöffel und das Reh Braunauge. Zu ihnen gesellen sich der Igel Stachelborst und Spitzpudeldachs. Schrecken unter ihnen allen verbreitet Reißzahn, der Wolf, der von Böhmen her im Anmarsch ist. Jedes dieser Tiere weist seiner Art gemäße charakterliche Schwächen auf, die, wenn wir sie hören, nur allzu menschlich klingen: sei es spießig, arrogant, eitel, verfressen oder selbstsüchtig. Vegesack versteht es meisterlich, seine Geschichten von Vierbeinern zu kleinen Lehrstückchen für Zweibeiner werden zu lassen.

Der Autor

Siegfried von Vegesack (1888–1974) schrieb neben Lyrik vor allem Erzählungen mit eindrucksvollen Schilderungen vom Leben und Untergang des baltischen Adels.

dtv großdruck

Inhalt

Silberfleck der Maulwurf

»Irgend etwas stimmt da nicht«, brummte Schwarzpelz, der alte Maulwurf, als er zum erstenmal seinen Jüngsten beschnüffelte: »die Schaufelpfoten und die Spitznase scheinen zwar ganz in Ordnung zu sein, auch das Fell, aber hier oben auf der Stirn – fühl und schnupper mal: riecht das wirklich ganz maulwürfisch?!«

»Großer Gott – wie soll er denn sonst riechen? Bin ich denn eine elende Wanderratte oder eine jämmerliche Spitzmaus? Sind nicht alle unsere Ahnen seit undenklichen Zeiten immer rechtschaffene, reinblütige Maulwürfe gewesen – was soll denn da nicht stimmen?« fauchte Frau Schwarzpelz ihren Gatten gekränkt an.

Aber der ließ sich nicht beirren. Er hielt seinen Sprößling so vor das Luftloch (Maulwürfe nennen nämlich das, was wir »Erdlöcher« nennen, »Luftlöcher«), daß ein matter Lichtschimmer auf den Kopf des Jungen fiel, drehte ihn hin und her, blinzelte mit seinen kleinen, kurzsichtigen Augen und seufzte dann tief:

»Da haben wir es – der Junge hat einen weißen Fleck mitten auf der Stirn! Welche Schande: ein Maulwurf mit einem weißen Fleck! So etwas ist in unserer Familie noch nicht vorgekommen!«

»In meiner jedenfalls auch nicht!« jammerte Frau Schwarzpelz. »Aber vielleicht ist es nur Kalkstaub – die Zweibeine streuen ja jetzt solche abscheuliche Sachen in unsere gute Erde, daß man ganz schmutzig davon wird!«

Und Mama Schwarzpelz begann, ihren Jüngsten eifrig zu lecken. Sie leckte und leckte sich die Zunge fast wund, spuckte aufs Köpfchen, rieb die Stirn eifrig mit den Pfoten – aber der weiße Fleck blieb, ja, er wurde noch weißer, ganz silberhell leuchtete der dreieckige Klecks auf der schwarzen Stirn.

Als Mama Schwarzpelz sah, daß alles Lekken umsonst war, drückte sie die spitze, feuchte Schnauze auf den weißen Fleck, seufzte tief und flüsterte so leise, daß ihr Mann es nicht hören konnte:

»Silberfleckchen, du wirst es nicht leicht

haben mit deinem weißen Schopf – alle werden dich auslachen! Aber ich werde dich jetzt erst recht lieben! Und Silberfleck sollst du heißen!«

Und so wuchs Silberfleck auf: der Vater wollte nichts von ihm wissen, die Geschwister machten sich immer über ihn lustig, und alle Tanten und Onkels schüttelten entsetzt die Köpfe: ein weißfleckiger Maulwurf – so etwas war noch nie dagewesen! Von allen Ecken und Enden kamen die Maulwürfe angekrochen, um dieses Wunder anzustaunen. Nur Silberfleck selbst konnte seinen eigenen Fleck nicht sehen.

»Warum lachen alle über mich?« beklagte er sich bei der Mutter.

»Weil du einen weißen Fleck auf der Stirn hast. Nimm es dir aber nicht zu Herzen«, tröstete ihn die Mutter: »ja, ich liebe grade dieses silberne Fleckchen! Wer weiß, was es zu bedeuten hat, umsonst wirst du es nicht bekommen haben!«

Aber Silberfleck versuchte doch heimlich, es abzukratzen. Ganz verzweifelt zupfte er an seiner Stirn, zerrte an den Haaren – doch nichts half: die weißen Härchen wuchsen immer wieder, der Fleck blieb.

Da ging Silberfleck den anderen Maulwürfen aus dem Wege, verkroch sich, wenn der Vater oder die Brüder kamen, und grub sich immer tiefer in die dunkle Erde ein.

Als er wieder einmal so ganz allein in einem Loch hockte, kam ein fetter, langer Regenwurm vorbeigeringelt. Silberfleck hatte Hunger, packte den Wurm am Schwanz und wollte ihn grade fressen – da hörte er plötzlich ein dünnes Stimmchen:

»Wenn du mich leben läßt, dann will ich dir ein großes Geheimnis verraten – etwas, was kein Maulwurf weiß!«

Silberfleck dachte nach. »Gut«, sagte er, »wenn du mir wirklich etwas sagst, was kein Maulwurf weiß, dann geb ich dich frei. Sonst aber freß ich dich!« Und er hielt den Regenwurm am Schwanz fest.

Da piepste das Stimmchen:

»Ihr Maulwürfe kriecht immer *in* der Erde herum und habt doch einen dicken Pelz, richtige Beine und eine richtige Schnauze. Ihr nährt euch von uns elenden nackten Würmern und könntet es doch viel besser haben!«

»Besser?«

»Natürlich, sehr viel besser! Warum kriecht ihr nicht an die Luft hinauf – dort oben auf der Erde gibt es ganz andere Leckerbissen zu fressen: dicke Raupen, knusprige Käfer, fette Heuschrecken! Die schlauen Mäuse haben es euch wohl eingeredet, daß es unter der Erde am besten sei: damit sie selbst ungestört dort oben jagen können!«

»Und du selbst? Warum kriechst *du* dann in der Erde herum, wenn es oben an der Luft so viel schöner ist?«

Der Regenwurm kringelte sich – Silberfleck hielt noch immer seinen Schwanz fest – und piepste:

»Sieh mich doch an – ich habe nur eine nackte Haut und gar keine Beine! Der liebe Gott hat mir und der Schlange, meiner Urahne, nicht mehr gegeben, weil – ja das ist eine lange Geschichte, und ganz genau weiß ich sie auch nicht mehr. Die Schlange soll einmal dem Zweibein ein Geheimnis verraten haben, irgendein Obstrezept, wie man Apfelkompott einmachen soll, oder so etwas Ähnliches. Und das war natürlich nicht richtig, denn die Zweibeine sind ja schon klug genug, denen soll man nichts sagen. Aber dir, armer, kleiner Maulwurf, darf ich wohl endlich die Augen öffnen, besonders, weil du einen so schönen weißen Schopf hast: das wirkliche Leben fängt erst oben *über* der Erde an, in der weißen Luft, dem warmen Regen, dem hellen Licht!«

»Und wie kommt man hin?« fragte Silberfleck und ließ den Regenwurm los.

»Du mußt immer höher hinauf klettern«, piepste das dünne Stimmchen: »immer höher hinauf! Und wenn du die höchste Erdkruste durchstoßen hast, mußt du die Augen schließen und vorsichtig blinzeln, bis du dich an das helle Licht gewöhnst. Am besten, du wartest, bis es regnet – dann blendet es nicht so. Ich selbst krieche nur bei Regenwetter hinauf – daher mein Name! Auch ist es dann nicht so heiß!«

Der Regenwurm kicherte und ringelte sich davon.

Silberfleck dachte lange nach. Hatte der glatte, kalte Wurm Unsinn geschwatzt, oder hatte er wirklich ein großes Geheimnis verraten, von dem kein Maulwurf etwas wußte? Er wollte die Mutter fragen. Aber die erschrak so, daß sie ganz entsetzt ausrief:

»An der Luft leben? *Über* der Erde? Bist du verrückt geworden? Wer hat dir diesen Unsinn in den Kopf gesetzt? Meine Urgroßmutter ist einmal oben gewesen, sie hatte sich irgendwie verirrt, und ich weiß noch genau die Schauergeschichten, die Großpapa von ihren Erlebnissen erzählte: da oben ist alles so weiß und so hell, daß man Augenschmerzen bekommt und überhaupt nichts sehen kann. Und ein entsetzlich großes Feuer brennt so heiß, daß man sich am liebsten den Pelz ausziehen möchte – aber das geht ja leider nicht. Urgroßmama hat furchtbar geschwitzt, ihr Pelz war ganz naß, und ihre Augen waren rot entzündet, als sie endlich zurückkam. ›Nie, nie wieder an die Luft‹, hat sie gestöhnt – ›da oben ist die Hölle!‹ Und bald darauf ist Urgroßmama gestorben – wahrscheinlich hat sie sich erkältet, als sie so durchschwitzt in die kalte Erde zurückkehrte!«

Silberfleck sagte nichts, aber er grübelte noch lange darüber. Natürlich – die Urgroßmama war dumm gewesen, sie hatte nicht mit den

Augen geblinzelt und auch nicht den Regen abgewartet. Da war es ihr zu hell und zu heiß geworden – genau so, wie der Regenwurm es gesagt hatte. Da oben gibt es eine Welt, die viel schöner ist, als hier unten in der dunklen Erde. Und ich allein weiß dies Geheimnis, und ich allein weiß, was man tun muß, damit man keine Augenschmerzen bekommt und nicht so schwitzen muß wie die arme Urgroßmama!

Leider hatte die Mutter sich so über Silberflecks Frage aufgeregt, daß sie alles dem Vater erzählte. Und der Vater nahm Silberfleck am Ohr, zauste ihn tüchtig und knurrte streng:

»Dummkopf! Nur *in* der Erde kann man leben – oben *über* der Erde, da hört die Welt auf, da ist nur Luft und etwas furchtbar Helles und Heißes, die Hölle, die nur der Teufel und sein Diener, das Zweibein, ertragen kann. Das Zweibein ist aber unser Feind, nur *in* der Erde sind wir vor ihm sicher. Wer die Erde verläßt, der ist verloren. Was ist Luft? Was ist Licht? Nichts. Du kannst in der Luft keine Löcher graben und im blendenden Licht nichts sehen. Nur in der Erde, nur im Dunkeln findest du Würmer. Die Erde hat Gott geschaffen, das Licht aber der Teufel. Deshalb sind wir Maulwürfe, die wir in der Erde arbeiten, wühlen, schaufeln und graben, die wichtigsten Tiere der Welt. Wir graben ungeheure Straßen unter der Erde, errichten hohe Berge – gewaltige Denkmäler, die nach uns benannt werden. Sei stolz, daß du ein Maulwurf bist! Und steck deine Nase nie in andere Dinge als in Erde!«

So sprach der alte Schwarzpelz. Aber der kleine Silberfleck wurde nun erst recht neugierig: was war *über* der Erde? War das Helle und Heiße da oben wirklich die Hölle, wie die alte Urgroßmama erzählt hatte – oder hatte der Regenwurm recht: war es oben geradezu himmlisch? Man brauchte ja nur ein wenig die Nase hinauszustrecken, etwas zu schnüffeln – dann würde man es schon merken. Und als die Eltern und Geschwister fest schliefen (der alte Vater schnarchte so laut, daß die Erdkrümchen von der Decke rieselten), machte sich Silberfleck auf die Wanderung, schlich leise durch den langen Korridor und kletterte immer höher hinauf, bis er zum Luftloch kam, wo die Erde aufhörte.

Vorsichtig steckte er die Nasenspitze hinaus, schnüffelte, blinzelte und wunderte sich über alle Maßen: wirklich, die Erde war zu Ende, aber das, was hier anfing, war weder hell noch heiß, sondern eine wohlige, warme Dämmerung, in der ein paar weiße Pünktchen zitterten. Als aber Silberfleck seinen Kopf noch weiter hinaussteckte, erschrak er: hinter dem gewaltigen Berg, den der Vater aufgeschüttet hatte, lugte ein großer runder Silberfleck hervor, fast so groß wie der Berg – war das vielleicht ein anderer Maulwurf mit weißem Schopf, der auch aus der Erde herausgekrochen kam?

Silberflecks Herz fing an zu klopfen: endlich hatte er einen großen Bruder gefunden, den großen Silberfleck, nun war er nicht mehr allein – und eifrig kroch er mit seinen kleinen krummen Pfoten auf ihn zu, über den hohen Berg, immer weiter und weiter. Ja, er stellte sich sogar auf die Hinterbeine, winkte und rief – aber der große Bruder schien ihn gar nicht zu bemerken und kletterte immer höher in die Luft hinauf.

Na, er wird schon wieder herunterkommen, dachte Silberfleck, und so lange will ich mir die Erde von oben besehen. Komisch, daß die Wurzeln auch in die Luft wachsen, und wie groß und hoch sie sind! Aber was ist das?

Zwei lange spitze Ohrenlöffel hoben sich gegen den hellen Mondhimmel ab, ein dunkler Schatten fiel über Silberfleck.

»Nur keine Angst, nur keine Angst!« stotterte Langlöffel, der Hase, als er sich vom ersten Schreck erholt und den kleinen Maulwurf erkannt hatte: »Aber wohin so eilig, und warum *auf* der Erde, wenn du es da drinnen doch viel besser hast?«

»Besser?«

»Jedenfalls sicherer. Denn du ahnst ja gar nicht, was wir hier oben alles für Gefahren auszustehen haben: da sind die Füchse, die uns auflauern, die großen Raubvögel, die uns zerhacken, die Hunde, die uns zerbeißen und zerfleischen, die schrecklichen Zweibeine, die unsere Eingeweide mit Bleikugeln zerreißen – nur tapfere Helden, wie wir, können dieses Leben ertragen! Aber ganz im Vertrauen, wenn ich so klein wäre wie du – ich käme nie aus dem Loch heraus! Pst – knackte da nicht etwas? Schleicht nicht Rotrute dort hinter dem Busch? Nur keine Angst – aber besser, ich laufe doch ein wenig, sonst werden meine Beine steif!«

Und damit machte Langlöffel einen Satz und war im Walde verschwunden.

»Angst?« Silberfleck dachte nach: was hatte Langlöffel damit gemeint? Wovor sollte er Angst haben? Und wenn Langlöffel ein großer Held war – warum sollte nicht auch er ein Held werden, wenn auch nur ein kleiner Held mit kurzen Pfoten? Und Silberfleck kroch mutig weiter – immer dem großen Bruder nach, der jetzt langsam wieder zur Erde herunterkletterte. So, jetzt saß er, rund und blank und ein wenig gerötet (die weite Luftreise hatte ihn wohl angestrengt) wieder auf der Erde.

Silberfleck winkte und rannte, was er konnte. Als er aber endlich den nächsten Berg des Vaters erreicht und erstiegen hatte, war der große Silberfleck schon verschwunden und in die Erde gekrochen. Und nicht einmal ein Loch war weit und breit zu entdecken.

Komisch, dachte Silberfleck und sah sich ratlos um – aber was kommt da aus der Erde geklettert?! Verwundert stand er da und staunte mit weit aufgerissenen Augen: ein rotes rundes Ungeheuer kam dampfend und funkelnd aus dem Boden gestiegen. Und je länger er hinstarrte, desto weniger konnte er sehen, denn die Augen fingen an zu tränen – er mußte sie zusammenkneifen, drehte sich um und lief, was er konnte, weiter. Aber das Ungeheuer kam ihm nachgerannt, blendete ihn von allen Seiten, stach und brannte auf seinen Pelz mit einem schrecklichen Feuer.

Ganz erschöpft blieb Silberfleck im Schatten einer kleinen Tanne stehen, wischte sich mit den krummen Pfoten den tropfenden Schweiß von der Stirn und blinzelte in den flimmernden Morgenhimmel. Da hörte er oben vom Baum eine schnalzende helle Stimme:

»Achtung, Achtung! Hier Waldsender Dreitannenspitze! Sie hörten eben das Frühkonzert unserer Waldkapelle. Nach einer kurzen Pause beginnen wir mit der Morgengymnastik ...«

Gleich darauf wischte etwas Rotes, Weiches an Silberflecks Nase vorbei, und Zottelschwanz, das Eichhörnchen, brach in lautes Gelächter aus:

»Ein Maulwurf! Ein Maulwurf am hellichten Tag *auf* der Erde! Gott sei Dank – endlich etwas Neues, etwas, was noch nie dagewesen ist! Da schalten wir gleich einen kurzen Funkbericht ein: Achtung, Achtung! Sie hören jetzt den Funkbericht über die außerordentliche sportliche Leistung eines jungen Maulwurfes. Da steht er vor uns, ein wenig erschöpft und erhitzt, aber doch in guter Form, das schwarze Sammetfell mit dem eigentümlichen Silberfleck auf der Stirn glänzt durchschwitzt in der strahlenden ...«

Aber weiter kam Zottelschwanz nicht. Eine andere, unheimlich laute Stimme unterbrach den Funkbericht: »Hau! Hau!« Und noch einmal: »Hau! Hau!«

Zottelschwanz war schnalzend den Stamm hinaufgeklettert, und unten versuchte Spitzpudeldachs am Baum hochzuspringen und scharrte mit den Pfoten an der Rinde.

Großer Gott, dachte Silberfleck mit Entsetzen, als er blinzelnd gerade den weitaufgerissenen Rachen des Hundes erkannt hatte: jetzt bin ich verloren! Schnell, schnell in die Erde, bevor das Ungeheuer mich bemerkt! Und er versuchte, mit allen Vieren kratzend, sich ins

Moos hineinzubohren. Aber da hatte Spitzpudeldachs ihn schon gerochen und kam laut bellend auf ihn zugesprungen ... Silberfleck, kleiner Silberfleck – warum bist du so naseweis gewesen, warum wolltest du durchaus wissen, wie es *auf* der Erde ist? Jetzt wirst du es erfahren: man frißt – oder man wird gefressen!

Schon hatte Spitzpudeldachs Silberfleck zwischen den Zähnen, schon wollte er zubeißen – da schrie eine dünne, jämmerliche Stimme dicht unter seinen Pfoten:

»Friß *mich*! Friß *mich*! Aber laß mein Kind leben!«

Die alte Mama Schwarzpelz hatte nämlich grade ihre Morgengymnastik machen wollen und den Lautsprecher eingeschaltet, als sie den Funkbericht über Silberflecks Wanderung hörte. Nichts Gutes ahnend war sie ihm gleich nachgerannt, trotz Licht und Hitze – denn sie war ja eine gute Mutter und liebte Silberfleck über alles. Und nun war sie grade angelangt, als Silberfleck im Maul von Spitzpudeldachs zappelte.

»Sieh, ich bin viel fetter als er, von mir hast du einen ganz anderen Bissen!« jammerte sie verzweifelt und blies sich dabei so rund wie möglich auf.

Da ließ Spitzpudeldachs, obgleich er sehr hungrig war, den Kleinen los und sagte:

»Du bist eine gute Mutter! Und da auch ich einmal eine gute Mutter gehabt habe, will ich deine Bitte erfüllen. Du sollst dein Kind wiederhaben ...«

»Ich danke dir«, schluchzte Mama Schwarzpelz, umarmte Silberfleck und seufzte: »So – jetzt friß mich!« Aber Spitzpudeldachs schüttelte den Kopf:

»Nein, Maulwürfe fresse ich nur, wenn sie ganz jung und zart sind! Ich will Sie gewiß nicht kränken, liebe gute Frau – aber alte Maulwürfe schmecken immer ein wenig bitter, nach muffiger Erde. Sie haben einen Kellergeschmack. So kann ich leider von Ihrem liebenswürdigen Angebot keinen Gebrauch machen!«

Und damit drehte sich Spitzpudeldachs um und lief wieder zum Baum, auf dem Zottelschwanz saß.

Mama Schwarzpelz und Silberfleck eilten aber schwitzend und blinzelnd, so schnell sie konnten, zum nächsten Loch.

»Das wird dir hoffentlich eine heilsame Lehre gewesen sein«, knurrte der Vater, als er sich alles angehört hatte. »Aber jetzt – da hilft kein Mundspitzen – klopf ich dir den Pelz tüchtig aus, damit du nie mehr solche Dummheiten machst!«

Meine Lieben – ihr könnt euch schon denken, was der Vater mit seinem Jungen tat. Das brauche ich euch nicht weiter zu erzählen!

Silberfleck ließ alles ruhig mit sich geschehen. Er dachte: Das Geheimnis habe ich nun doch erfahren – das, was kein Maulwurf weiß, ich habe einen großen Bruder, einen großen Silberfleck, da oben, über der Erde – ich brauche mich nicht mehr zu schämen, und wenn ich an ihn denke, bin ich nie allein!

Und Silberfleck legte sein Silberköpfchen auf seine krummen müden Pfoten, schlief glücklich ein und träumte vom Mond, seinem großen Bruder.

»Immer dasselbe!« lachte Zottelschwanz den Spitzpudeldachs aus. »Kannst du dir nicht etwas Neues ausdenken?«

»Hau, hau!« sagte Spitzpudeldachs, kratzte mit den Pfoten am Stamm der Fichte und starrte mit offenem Maul zu Zottelschwanz hinauf, der hoch oben auf einem Ast hockte und an seinem Zapfen knabberte.

»Das habe ich schon oft gehört«, fuhr Zottelschwanz unbekümmert fort: »Erzähl mir doch lieber, was du eigentlich bist: ein Spitz? Aber mit struwligem Pudelhaar. Ein Pudel? Aber mit krummen Dackelbeinen. Ein Dakkel? Aber mit Spitzohren. Nur dein Zottelschwanz sieht nach etwas aus. Aber so schön über den Kopf legen, wie ich, kannst du ihn doch nicht! Nein, verehrter Herr Spitzpudeldachs – schön siehst du wirklich nicht aus. Überhaupt – ihr Hunde seid doch alberne Geschöpfe: kratzt immer mit den Pfoten am Stamm, obgleich ihr doch genau wißt, daß ihr nicht klettern könnt! Und redet immer dasselbe!«

»Hau, hau!« sagte Spitzpudeldachs, sprang zur Seite und griff sich heulend an den Kopf: der leergeknabberte Tannenzapfen hatte genau seine Schnauze getroffen.

»Hi-hi!« kicherte Zottelschwanz: »Endlich was Neues!« machte einen gewaltigen Satz und war zum Nachbarbaum hinübergesprungen.

Spitzpudeldachs, der wütend den Tannenzapfen zerbiß, hatte es nicht gesehen und bellte dann wieder den Baum an: »Hau, hau!«

Zottelschwanz eilte wippend von Ast zu Ast, von Baum zu Baum, bis er sein Nest erreicht hatte, in der Höhle einer alten Fichte.

»Was gibt's Neues?« fragte Frau Zottelschwanz, die grade dabei war, ihre Jungen zu lausen.

»Nichts Besonderes, nichts Besonderes. Der alte Spitzpudeldachs ist mir wieder mal über den Weg gelaufen, aber ich hab' ihm eine solche Ohrfeige gegeben, daß er heulend davongelaufen ist. Ein kleiner Maulwurf hat einen Rekord aufgestellt: ist *auf* der Erde gelaufen. Und Herr von Rotrute, unser allergnädigster Herr und Gebieter, hat in dieser Nacht wieder einige Steuern erhoben: drei junge Hasen. Wenn das so weitergeht, werden alle unsere Abonnenten aufgefressen! Doch ganz im Vertrauen ...«, Zottelschwanz sah sich ängstlich um, schloß die Tür und flüsterte: »Ganz im Vertrauen: Reißzahn ist wieder im Anmarsch! In Litauen und Polen ist er schon eingebrochen, und wenn er erst bis nach Böhmen kommt, dann gibt es für ihn keinen Halt an unserer Grenze! Dann ist es mit der Herrschaft von Herrn Rotrute vorbei!«

»Großer Gott – und was machen wir dann?«

»Wir? Uns kann es ja egal sein, wer wen frißt, wir können auf die Bäume klettern, und das können die Füchse und Wölfe nicht. Wir sind immer oben auf, weil wir ja die öffentliche Meinung sind. Auf alle Fälle habe ich mir schon einen grauen Pelz machen lassen – ganz solch einen, wie Reißzahn ihn trägt. Aber so lange Herr Rotrute herrscht, trage ich natürlich noch Rot. Man muß immer mit der Zeit mitgehen und den Schwanz nach dem Winde hängen – dann kann einem nichts passieren! Aber jetzt muß ich auf die Redaktion, damit der ›Waldbote‹ rechtzeitig erscheinen kann!«

Zottelschwanz küßte seine Frau, wie er es immer tat, hinter das linke Ohrläppchen, zerknackte zärtlich eine Laus, die dort herumkrabbelte, tätschelte die Jungen und hüpfte eilig davon.

Auf der Redaktion herrschte schon voller Betrieb: von allen Baumwipfeln gaben die Berichterstatter ihre Signale mit den Schwänzen, schnalzten und funkten von Baum zu Baum und meldeten die neuesten Nachrichten: der Forstmeister Wastlhuber war im dritten Revier unterwegs mit seinen beiden Dackeln (wahrscheinlich wollte er Herrn von Rotrute einen Besuch abstatten), die Jäger von Bogen waren wieder mal auf die Jagd ausgezogen, mit drei gewaltigen Donnerbüchsen (»Weidmannsheil!« bemerkte die Redaktion ironisch, denn sogar Langlöffels hatten vor diesen Jägern keine Angst, weil sie immer vorbcischossen, und wenn sie einmal zufällig trafen, dann war es höchstens ein Hund). Nein, das alles waren keine schlimmen Nachrichten. Böser war es schon, daß Herr von Rotrute sich in dieser Nacht allein drei junge Hasen geholt hatte (»im Blütenalter« war in der Todesanzeige zu lesen: »die tieftrauernd Hinterbliebenen – Dr. Hans Langlöffel und Frau Marliese, geborene Schnellpfot«). Frau Langlöffel war auf die Redaktion gekommen, mit schwarzumflortem Ohr.

»Warum ausgerechnet meine Jungen – wo es doch so viele andere Hasenjungen gibt!« schluchzte sie mit tränenerstickter Stimme: »Pürzelchen, Plüschnäschen und Sammetpfötchen – was waren das für süße Kerlchen! Noch gestern hüpften sie so fröhlich um mich herum – und jetzt? Nicht einmal die Knochen hat er mir gelassen! ...«

»Pst, pst«, flüsterte Zottelschwanz und sah sich ängstlich nach allen Seiten um: »Er ist unser Herr und Gebieter, wir müssen gehorchen. Andere Herren sind ja noch viel schlimmer. Denken Sie doch nur an Reißzahn, der würde auch Sie nicht verschonen, während unser gnädiger Herr meist nur die Jungen nimmt ...«

»Damit wir Mütter immer neue gebären sollen! Aber nun ist's Schluß: ich setze keine Jungen mehr in die Welt! Sie haben gut reden, Herr Zottelschwanz. Wenn ich wie Sie auf die Bäume klettern könnte ...«

»Mein Beruf ist nicht so einfach, Frau Langlöffel: immer *über* den Dingen stehen, bald hierhin, bald dorthin springen, wie es die öffentliche Meinung verlangt, immer schnuppern, woher der Wind kommt, und immer den Schwanz nach dem Winde drehen – das ist keine leichte Kunst! Aber dafür gewinnt man aus der Höhe, aus unserer Wipfel-Schau ganz andere Einblicke, und da kann ich Ihnen nur versichern: Ihre Jungen sind nicht umsonst gestorben, alles dient einem höheren Zweck, einer wunderbaren Weltordnung!«

»Nein«, unterbrach Frau Langlöffel erregt die Rede des Herrn Zottelschwanz: »ich finde diese Weltordnung gar nicht wunderbar, wo der eine höchstens einen Kohlkopf zu fressen bekommt und der andere ...«

»Pst, pst, nicht so laut – aber jetzt muß ich leider auf eine wichtige Konferenz ...« Und Zottelschwanz kletterte schnell zum Gipfel der Tanne hinauf, machte es sich dort oben bequem und hielt Umschau. Wenn es ihm unten in der Redaktion zu bunt wurde, zog er sich hierher zurück, und das nannte er »Konferenz«. Von hier konnte er über den ganzen Bayrischen Wald bis zur Böhmer Grenze, dem Arber, Rachel und Lusen sehen und auf der anderen Seite bis zu den Donaubergen, der Breitenau und dem Dreitannenriegel. Und davor lag der Hollerberg mit dem Stammsitz der Herren von Rotrute, der uneinnehmbaren Burg im zerklüfteten Felsen. Nein, gegen diese Burg und diesen mächtigen Herrn konnte man sich nicht auflehnen. Selbst Reißzahn, wenn er jemals aus Böhmen einbrechen sollte, würde diese Burg nicht erobern können. Sogar das schlaue Zweibein mit seinen Jagdhunden, Feuerrohr und Fangeisen hatte es nicht vermocht, Herrn von Rotrute auszuräuchern und zu bezwingen.

Dort unten, in dem Städtchen Bogen, wohnten die Zweibeine. Und dort auf der Weißensteiner Straße – ja, jetzt erkannte Zottelschwanz ihn ganz deutlich – kam der Forstmeister Wastlhuber mit seinen beiden Dakkeln den Berg heraufgeschnauft – die Meldung war also richtig gewesen, daß er heute das dritte Revier abging.

»Da wird das Zweibein sicher auch dem Hollerberg einen Besuch abstatten«, überlegte Zottelschwanz. »Wenn ich schnell laufe, komme ich vor ihm hin und kann Herrn von Rotrute warnen. Es ist immer nützlich, mächtigen Herren einen Dienst zu erweisen!«

Und Zottelschwanz schwang sich von Ast zu Ast, von Baum zu Baum, während der dicke Forstmeister Wastlhuber in der Weißensteiner Tafernwirtschaft von Arbinger einkehrte, um seinen Durst mit einer Maß zu löschen. Und als er die eine Maß geleert hatte, bestellte er eine zweite – denn es war sehr heiß, und er war sehr dick: der Schweiß tropfte von seiner Stirn. Die beiden Dackel Krummbein und Langschnauze nagten an Knochen, die sie auf dem Hof gefunden hatten.

»Dö san scharf«, meinte Herr Wastlhuber schmunzelnd und wischte mit dem Handrükken den Bierschaum aus dem triefenden Bart – »wann s' den Fuchs an der Gurgel erwischen, lassen s' nimmer los!«

So kam Zottelschwanz lange vor dem Forstmeister am Hollerberg an, schlüpfte in den Bau und wurde bald von Herrn von Rotrute empfangen.

»So, so«, brummte Herr von Rotrute, der grade geschlafen hatte, gähnte und streckte sich: »so ein frecher, kleiner Dackel wäre mir als Nachtisch grade willkommen! Denn die Hasen taugen nichts in diesem Jahr: nichts als Fell und Knochen!« Und er wies verächtlich in die Ecke, wo ein Häuflein trauriger Überreste lag, an dem die jungen Füchse nagten. Zottelschwanz erkannte ganz deutlich ein paar Hasenpfoten und drei winzige Pürzel. Das also war alles, was von Pürzelchen, Plüschnäschen und Sammetpfötchen übriggeblieben war: etwas Fell – und ein paar Knochen.

Herr von Rotrute leckte sich mit der Zunge die Schnauze und fuhr nachdenklich fort: »Schlimme Zeiten! Schlimme Zeiten! Die Hasen werden immer weniger und auch immer kleiner und magerer. Früher, da reichte ein Hasenbraten für ein paar Tage – heute werde ich von dreien nicht satt! Allerdings – meine Familie hat sich vergrößert«, und stolz wies er auf die vier jungen Füchse, die schmatzend die letzten Überreste der Hasen vertilgten.

»Euer Gnaden«, erlaubte sich Zottelschwanz einzuwenden: »Euer Gnaden haben vielleicht früher die großen Hasen gefangen, da konnten die Jungen wachsen. Wenn aber die Jungen verspeist werden – können sie nicht mehr wachsen!«

»Blödsinn«, knurrte Herr von Rotrute und ordnete seinen prächtigen Schwanz: »die Alten sollten viel mehr Junge bekommen – das ist ihre Pflicht. Gehe ich nicht mit gutem Beispiel voran: jedes Jahr vier bis sechs Junge? Und die Hasen, die doch keine Wohnungsnot haben, könnten ruhig ein Dutzend Kinder im Jahr kriegen! Wenn ich dann sechs verspeise, bleiben immer noch sechs übrig. Aber die Hasen kommen ihrer Pflicht als treue Staatsbürger nicht nach: sie vermehren sich viel zu wenig. Da sollten Sie in Ihrer Zeitung aufklärend wirken ... Aber jetzt, Sie entschuldigen mich – das Zweibein scheint schon da zu sein. Ich muß meine neuen Gäste empfangen!«

Aus der Höhe war ein undeutliches Kratzen, Scharren und Kläffen zu hören. Zottelschwanz empfahl sich durch die Hinterpforte. Im Weghüpfen sah er noch, wie der dicke Forstmeister Wastlhuber sich mit gespanntem Feuerrohr hinter einen Baum stellte. Aus der Tiefe drang das wütende Kläffen der Hunde.

Sicher ist sicher, dachte Zottelschwanz, gut, daß ich rechtzeitig hinten herausgewischt bin!

Jetzt schnell auf einen Baum, das Mikrophon eingeschaltet – das kann einen großartigen Funkbericht geben!

Und gleich darauf tönte es durch den ganzen Wald:

»Achtung, Achtung – Sie hören jetzt den Funkbericht vom Kampf auf dem Hollerberg! Hier oben, hinter einer Fichte verborgen, steht das Zweibein Wastlhuber mit angelegtem Feuerrohr. Er hat, wie immer, dicke, grüne Wadenstrümpfe an, eine grüne Joppe mit Hirschknöpfen, kurze Lederhosen und ein grünes Hütchen mit Gamsbart. Er schnauft und schwitzt – er hat wohl wieder zu viel Bier getrunken – und unten, in der Tiefe, unter dem Felsgeröll, kläffen seine beiden Hunde – Sie können es deutlich hören: jetzt, jetzt heulen sie auf, jetzt scheint es ernst zu werden ... Ein lieblicher Schmetterling flattert grade über dem Eingang zum Bau, die Sonne flimmert, fleißige Ameisen laufen hin und her: ein friedlicher, schöner Sommertag ... Aber unten, in der finsteren Tiefe ...«

Während Zottelschwanz noch ins Mikrophon sprach und alle Rundfunkhörer des Waldes mit atemloser Spannung dem Bericht über den großen Kampf zwischen Zweibein und Herrn von Rotrute lauschten, eilten schon die Zeitungsjungen mit dem neuen »Waldboten« von Baum zu Baum, schnalzten und streuten überall die Schuppen der Tannenzapfen aus, so daß auch im tiefsten Dikkicht auf dem Moos zu lesen war:

Großkampftag auf Burg Hollerberg!

Alo von Rotrute der Fuchs

Als Zottelschwanz sich empfohlen hatte, erhob sich Alo von Rotrute von seinem Lager, streckte und schüttelte sich und strich sich die rote Rute zurecht. Denn diese rote Rute war nicht nur sein Wappen und Familienschmuck, den er von seinem Ur-ur-ur-ur-ur-ur-ur-ur-ur-ur-ur-Urgroßvater, Alo dem Schlauen, geerbt hatte, sondern ... (doch das ist vorläufig ein Geheimnis, meine Lieben; merkt euch aber den roten Schwanz und vergeßt ihn nicht – was er zu bedeuten hat, werdet ihr später erfahren!) – also: Alo strich sich die rote Rute zurecht, gähnte dreimal, wobei seine spitzen, weißen Eckzähne sichtbar wurden, und sprach dann zu seinen Jungen:

»Pex, Pax, Pox und Pux! Ihr seid jetzt groß und stark genug, um euch am Kampf zu beteiligen! Zeigt, was ihr könnt! Aber vorher will ich sehen, ob ihr alle meine Lehren behalten habt:

Pex – was macht man, wenn der Hund in die Burg einbricht?«

»Man kriecht zuerst rückwärts und lockt ihn immer tiefer in die Höhle herein!«

»Richtig. Und Pax – was macht man dann?«

»Man kehrt sich plötzlich um und fegt ihm mit dem Schwanz Sand in die Augen!«

»Richtig. Und Pox – was dann?«

»Man kehrt sich wieder um und packt ihn an der Gurgel!«

»An der Gurgel! An der Gurgel!« heulten alle vier jungen Füchse und scharrten ungeduldig mit den Pfoten.

»Richtig. An der Gurgel. Und Pux, mein Jüngster – was macht man dann?«

»Nie loslassen!«

»Mit welcher Ausnahme?«

Der kleine Pux dachte nach, schüttelte den Kopf und wiederholte:

»Nie loslassen!«

»Und wenn der Hund doch noch die Kraft hat, sich aus der Höhle hinauszuschleppen? Was macht man dann?«

Der kleine Pux dachte wieder nach, schüttelte den Kopf und wiederholte eigensinnig:

»Nie loslassen!«

»Und wenn der Hund dich aus der Höhle hinauszieht?«

Der kleine Pux kaute nachdenklich an seiner rechten Pfote, schüttelte den Kopf und winselte mit dünner Stimme:

»Nie loslassen!«

»Falsch!« knurrte der alte Alo streng: »Pfote aus dem Maul! Wie oft hab ich dir schon gesagt, daß du nicht an der Pfote kauen sollst! Sieh, wie gräßlich deine Krallen aussehen: ganz kurz geknabbert! Pfui, schäm dich – so ein großer Junge und kaut noch die Pfote! Merk es dir: solange ein Zweibein in der Nähe ist ...«

»Bleibt man im Bau! Bleibt man im Bau!« heulten Pex, Pax und Pox und wedelten mit den Schwänzen.

»Richtig – bleibt man im Bau! Merk dir das, kleiner Pux: auch nicht die Schnauzenspitze darfst du zum Loch hinausstrecken. Denn dann bist du tot. Draußen lauert das Zweibein mit seinem Feuerrohr. Deshalb: nie aus dem Bau! Hast du mich verstanden?«

Aber bevor der kleine Pux antworten konnte, kläffte es schon ganz in der Nähe: »Hau! Hau! Hau! Hau!«

»Los!« kommandierte der alte Alo: »jeder

besetzt einen Gang und lockt den Feind immer tiefer in die Höhle. Und dann –«

»An die Gurgel! An die Gurgel!« heulten die vier Jungen und stürzten in die verschiedenen Gänge, während der alte Alo in der großen Höhle blieb, um von hier aus den Kampf zu leiten und, wenn nötig, einzugreifen.

Der kleine Pux war so schnell vorgestürmt (aus Angst, daß die anderen ihm zuvorkommen könnten) – daß er als erster auf den Feind stieß. Und dabei vergaß er ganz, seinem Gegner Sand in die Augen zu streuen. Pux, kleiner Pux – das war dumm von dir, ich fürchte, du wirst es büßen müssen! Tapferkeit ist eine gute Sache, aber man darf dabei nicht dumm sein, besonders, wenn man noch so klein ist wie du. Siehst du, das hast du nun davon: Krummbein, der Dackel, hat dich nun selbst an der Gurgel erwischt, und Krummbein hat scharfe Zähne! Schüttel dich, beiß zu, beiß zu – auch wenn du nur seinen Ohrlappen erwischen kannst, beiß tüchtig zu – siehst du: jetzt heult er auf, jetzt läßt er die Gurgel los, jetzt, jetzt pack zu, pack zu! ...

Auch Pex, Pax und Pox kämpften. Pex

hatte Langschnauze, den anderen Dackel, tief in den Bau gelockt, Pax hatte ihm mit dem Schwanz eine tüchtige Ladung Sand in die Augen gestreut, und nun zerrten alle drei an seinem Fell, schüttelten und zausten ihn. Aber Langschnauze hatte einen wendigen Kopf, ein scharfes Gebiß und stämmige Pfoten: obgleich seine Augen von dem vielen Sand tränten, wehrte er sich mit Leibeskräften, biß nach allen Seiten zu – hier ein Bein, dort einen Nacken, dort eine Gurgel – daß die drei mit ihm nicht fertig werden konnten. Als grade der alte Alo sich über ihn hermachen wollte, wischte Langschnauze heulend hinaus – er hatte vom Kampf genug.

Der kleine Pux hatte sich an Krummbeins Nackenfell so festgebissen, daß er ihn gar nicht mehr loslassen konnte, auch wenn er es gewollt hätte. Er hatte nur den einen Gedanken: »Nicht loslassen! Nicht loslassen!« Krummbein heulte und strebte mit allen Kräften dem Ausgang zu. Und vor dem Ausgang stand Wastlhuber, der Forstmeister, mit angelegtem Gewehr. Kleiner Pux, wirst du nun daran denken, was du heute gelernt hast – oder hast du es schon wieder vergessen? Wirst du wieder tapfer sein und dumm – oder klug und ein wenig vorsichtig? Denk daran: du hast nur *einen* Kopf, nur *ein* Herz, nur *ein* kurzes Leben, und wenn du die Schnauze zum Loch hinausstreckst ...

Nein, der kleine Pux dachte nicht daran – er hatte die Worte des Vaters wieder vergessen. Er dachte nur an das eine: »Nicht loslassen! Nicht loslassen!« Und so zog Krummbein ihn immer weiter ins Freie hinaus – jetzt balgten sie sich draußen im hellen Sonnenschein.

Der Forstmeister zielte und zielte – aber es war ein solches Durcheinander von zappelnden und strampelnden Fuchs- und Hundepfoten, Fuchs- und Hundeköpfen, Fuchs- und Hundeschwänzen, daß er nicht schießen konnte – aus Furcht, Krummbein zu treffen. Erst als Langschnauze aus dem Loch geschossen kam und sich heulend auf den kleinen Pux stürzte, konnte sich Krummbein befreien. Einen Augenblick stand der kleine Pux nun ganz allein da, umkläfft von den beiden Dakkeln, unschlüssig, gegen wen er sich wenden sollte – und in diesem Augenblick krachte die Donnerbüchse ...

Kleiner Pux – das hast du nun davon:

warum bist du aus dem sicheren Bau herausgekommen? Nun brennt deine rechte Vorderpfote, und du kannst nur auf drei Beinen laufen. Lauf, lauf schnell, denn es wird gleich wieder krachen – Bum! – Gottlob, vorbei – du hast Glück gehabt: der Forstmeister hat beim Arbinger zwei Maß Bier getrunken, und da hat seine Hand ein wenig gezittert! Aber einen Denkzettel hast du bekommen – und jetzt wirst du die Lehre nie vergessen!

Der alte Alo untersuchte das zerschossene Bein: der Knochen war zersplittert, die Pfote hing nur noch an einem Hautfetzen. Kunstgerecht biß er die Pfote ab, umwickelte den Stumpf mit einem Hasenfell und knurrte dann streng:

»Das kommt davon – jetzt wirst du nie mehr an deiner Pfote kauen! Weißt du, was du verdient hast? Hundert hinten aufgezählt! Weil du aber die Pfote verloren hast – die gilt neunundneunzig – brauch ich dir nur eine herunterzuhauen: da hast du, was du verdient hast!«

Der kleine Pux verzog keine Miene, obgleich es sehr weh tat. Denn der alte Alo hatte eine kräftige Pfote! Nun brannte nicht nur der

Beinstummel, sondern auch noch eine andere empfindliche Gegend. Der kleine Pux wußte gar nicht, wie er sich setzen sollte. Endlich rollte er den Schwanz zusammen und hockte sich darauf.

Der alte Alo von Rotrute fuhr aber fort:

»Auch das Zweibein hat eine Strafe verdient – meine Geduld ist nun zu Ende! Noch in dieser Nacht werden wir uns rächen und ihm zeigen, daß WIR die Herrscher im Walde sind! WEHE, dreimal WEHE dem Zweibein!«

Und als der alte Alo das sagte, hob er dreimal die Rute hoch in die Luft, und alle seine Söhne, sogar der kleine Pux, hoben feierlich die Schwänze in die Höhe und wiederholten heulend:

»WEHE! WEHE! WEHE!«

Frau von Rotrute, die inzwischen aus ihrer Vorratskammer hervorgekrochen war, wo sie die Hasenfellchen und Pürzel zum Trocknen aufgehängt hatte, fing laut an zu jammern, als sie den kleinen Pux, ihren Liebling, so übel zugerichtet sah, und sie machte ihrem Mann bittere Vorwürfe:

»Wie konntest du die Jungen mit in den

Kampf nehmen? Nein, heute nacht bleibt ihr brav zu Hause!«

Aber da fingen Pex, Pax, Pox und der kleine Pux noch lauter an zu heulen: »Wehe! Wehe! Wehe!« – Denn sie hatten doch schon feierlich ihre Schwänze gehoben und Rache geschworen – wie konnten sie dann zu Hause bleiben? (Meine Lieben, merkt es euch noch einmal und paßt auf: der rote Fuchsschwanz hat etwas zu bedeuten!)

Der alte Alo sagte nichts, denn er war klug und wußte, daß seine Frau doch das letzte Wort behalten würde. Als es aber Nacht wurde, schlich er leise zu Pex, Pax und Pox, die vor lauter Aufregung gar nicht schlafen konnten, gab ihnen einen kleinen Stoß mit der Schnauze und wischte mit allen dreien zur Hinterpforte hinaus.

Nur der kleine Pux mußte zu Hause bleiben. Als er sah, daß die großen Brüder dem Vater folgten, versuchte er wohl aufzustehen – aber der Stummel tat so weh, daß er doch liegenbleiben mußte. Ganz leise weinte er in seinen Schwanz hinein, damit die Mutter nicht aufwachte und sich unnütz aufregte. Denn er liebte seine Mutter sehr, konnte nur nicht begreifen, warum sie immer so ängstlich war. Dann steckte er sich nach alter Gewohnheit den Pfotenstummel ins Maul – nein, kauen konnte er nicht mehr – und schlief leise schluchzend ein ...

Der rote Vollmond ging grade über dem Rachel auf, als die Füchse am Weißenstein vorbeikamen und über den weißen Quarzfelsen kletterten. Beim Obermeier krähte verschlafen ein Hahn, und beim alten Ulrich gackerte eine Henne im Traum. Aber Alo von Rotrute ließ sich durch alle diese verlockenden Geräusche nicht beirren: denn ein Schwur ist ein Schwur – heute nacht sollte nicht das Federvieh, sondern das Zweibein heimgesucht werden. Und so trabten die Füchse, immer einer hinter dem anderen, auf dem alten Rittersteig nach Bogen hinunter. Vom Kirchturm schlug es grade zwölf, als sie beim Schützenhof aus dem Walde kamen. Dort unten, etwas außerhalb des Städtchens, lag das alte Forsthaus mit dem spitzen Giebel.

Wastlhuber war grade mit seinen beiden Dackeln vom Gasthof zum Schimmelwirt nach Hause gekommen, wo er am Stammtisch drei Maß getrunken und sehr ausführlich berichtet hatte, wie er einem Fuchs tüchtig auf den Pelz gebrannt hätte, und wie schneidig die beiden Dackel gewesen wären. Und auch Krummbein und Langschnauze waren vom ganzen Stammtisch sehr bewundert worden und hatten ihre ruhmreichen Wunden zeigen müssen.

Nun lagen die beiden Dackel zusammengerollt auf ihrem Sack in der Küche und schliefen fest, und auch der Forstmeister war nach dem vielen Bier sofort eingeschlafen und schnarchte so laut, daß es durchs offene Fenster weit in die windstille Mondnacht dröhnte. So konnte der alte Alo leicht das Schlafzimmer finden.

»Kinderchen«, flüsterte er zu seinen Jungen: »Ihr bleibt hier draußen, mucksmäuschenstill!« Und dann sprang er selbst mit einem Satz zum Fenster hinein und schlich sich leise, ganz leise ans Bett des Forstmeisters. Nun hätte Alo von Rotrute leicht das Zweibein im Schlaf totbeißen können. Aber so etwas tut ein Herr von Rotrute nicht. Bei Hühnern, da ist es etwas anderes: da muß man schnell zupacken, weil diese unverständigen

Geschöpfe sonst einen zu lauten Spektakel machen. Doch das Zweibein sollte ganz anders gestraft werden ...

Meine Lieben, jetzt werdet ihr das große Geheimnis von der roten Rute erfahren, die Alo von seinem Ur-ur-ur-ur-ur-ur-ur-ur-ur-ur-ur-ur-Urgroßvater, Alo dem Schlauen, geerbt hatte: diese Rute war kein gewöhnlicher Schwanz, wie die Hunde ihn haben, sondern eine Wünschelrute, mit der Alo zaubern konnte. Allerdings nur in der Zauberstunde, zwischen zwölf und eins, und auch nur bei Vollmond. Deshalb mußte sich Alo jetzt beeilen, bevor es von der Kirche eins schlug. Ganz leise schlich er sich also an das Bett des Forstmeisters, hob die Rute und fächelte dreimal dicht vor der schnarchenden Nasenspitze hin und her, wobei er den Zauberspruch murmelte:

»Hasenbein, Hasenbein!
Ohrengroß und Pürzelklein!
Hasenherz und Hasenfell!
Habe-Angst und Laufe-Schnell!«

Der Forstmeister mußte plötzlich niesen (vielleicht hatten die Haare vom Fuchsschwanz ihn etwas an der Nasenspitze gekitzelt) – aber dann drehte er sich auf die andere Seite und schnarchte ruhig weiter.

Der alte Alo sprang wieder zum Fenster hinaus und versteckte sich mit seinen Jungen etwas weiter im dichten Gartengebüsch – nachdem er die eigene Spur mit dem Schwanz sorgfältig hinter sich ausgewischt hatte. Und auch die Jungen wedelten eifrig mit ihren Schwänzen hinter sich her.

»Was nun?« fragte Pox, der immer etwas neugierig und ungeduldig war.

»Das werdet ihr schon sehen!« brummte Alo: »Paßt auf – aber rührt euch nicht, bevor ich mit dem Schwanz das Zeichen gebe!« ...

Die Sonne schien schon hell zum Fenster herein, als der Forstmeister Wastlhuber endlich aufwachte, sich die Augen rieb und verwundert seine langbehaarten Hände betrachtete:

Träume ich, dachte er, oder habe ich gestern so viel getrunken, daß ich nicht mehr richtig sehen kann?

Und als er vor dem Rasierspiegel saß (es war Sonntag, und jeden Sonntag rasierte sich Herr Wastlhuber, weil er in die Kirche ging) und sich die Backen einschäumte, wunderte er sich noch mehr:

»Jesses, welch ein Bart! Das ganze Gesicht von einem dichten Fell überwachsen! Und dort oben, über der Stirn – was sind das für komische lange Spitzen?!«

Wastlhuber schüttelte erschrocken den Kopf – und da wackelten auch die beiden langen Ohren. Nur mit Mühe konnte der Forstmeister sich zu Ende rasieren. Dann setzte er sich an den Frühstückstisch, denn er war hungrig. Pepi, die Köchin, brachte gerade den Kaffee herein.

»O mei!« schrie sie und ließ die Kaffeekanne vor Schreck fast fallen: »O mei! O mei! Ein Has!« Sie stellte die Kaffeekanne auf den Tisch und rannte entsetzt davon.

Der Forstmeister schnupperte am Kaffee, schüttelte traurig den Kopf – wieder wackelten die langen Ohren – und seufzte:

»Ein Kohlblättchen! Wenn ich doch nur ein Kohlblättchen bekommen könnte!«

Denn er hatte einen unwiderstehlichen Hunger nach Kohlblättchen. Er schnupperte und schnupperte – aber da lagen nur Brötchen und Butter auf dem Tisch, und der Kaffee roch so abscheulich. Und nirgends ein Kohlblättchen.

Da kam Pepi zurück und fuchtelte wild mit einem Besen, und hinter ihrem Rock schossen Krummbein und Langschnauze kläffend ins Zimmer.

Der Forstmeister rief noch einmal ganz verzweifelt: »Kohlblättchen!« – aber da stürzten schon die beiden Dackel auf ihn los – er sprang auf den Tisch – von dort mit einem gewaltigen Satz zum Fenster hinaus und rannte, was er konnte, in den Garten.

Da hob der alte Alo seine rote Rute – und alle vier Füchse sprangen aus dem Gebüsch heraus und rasten hinter dem Forstmeister her, der mit wilden Sätzen zum Wald rannte. Noch nie war der Forstmeister so gelaufen, und noch nie hatte er eine solche Angst gehabt. Er wunderte sich selbst, wie schnell er den steilen Weißensteiner Berg hinauflaufen konnte. Sonst brauchte er immer eine gute Stunde, und jetzt war er schon in zehn Minuten oben bei der Kapelle.

Hier hockte er sich hin und wollte sich ein wenig verschnaufen. Aber da kam grade Spitzpudeldachs auf ihn zugerannt, und sein

Herrchen, das junge Zweibein, lief hinter dem Hunde her und rief schon von weitem:

»Ein Osterhase! Ein Osterhase!«

Osterhase? dachte der Forstmeister und schüttelte verwundert den Kopf. Und wieder wackelten seine langen Ohren. Dann machte er einen gewaltigen Satz – zum Glück hatte das Herrchen den Spitzpudeldachs am Schwanz gepackt und hielt ihn fest, so daß der Forstmeister in den Wald entwischen konnte. Aber hier holten ihn die Füchse wieder ein, und so mußte er weiterrennen, immer gradeaus, über den weißen Quarzfelsen, die Bärenzeller Wiese – immer gradeaus, zum Hollerberg. Es war eine wilde Jagd. Endlich konnte er nicht mehr. Er hockte sich am Waldrande hin, schloß die Augen und seufzte:

»So – jetzt freßt mich!«

Die vier Füchse tanzten in der hellen Morgensonne um den Forstmeister herum, leckten sich die Schnauzen und heulten:

»Hasenbein, Hasenbein!
Ohrengroß und Pürzelklein!
Hasenherz und Hasenfell!
Habe-Angst und Laufe-Schnell!«

Da hob der alte Alo wieder seine rote Rute

– und auch Pex, Pax und Pox hoben ihre Schwänze – und dann sprach Alo mit Würde:

»Zweibein – wir könnten dich jetzt zerreißen und aufessen – und das gäbe sicher einen herrlichen Sonntagsbraten. Trotzdem will ich diesmal noch Gnade vor Recht ergehen lassen, obgleich du so frech gewesen bist, meinem kleinen Pux die Pfote abzuschießen! Hättest du ihn richtig getroffen, wärst du jetzt deinem Schicksal nicht entgangen! Ich hoffe, diese Lehre wird dir genügen. Jetzt weißt du, wie es ist, wenn man gejagt wird! Und damit du es nie vergißt, sollst du von nun an das Hasenherz und den Hasenpürzel behalten!«

Und mit diesen Worten wedelte Alo wieder dreimal mit seiner Rute über das entsetzte Hasengesicht des Forstmeisters, der wieder niesen mußte, weil es ihn an der Nase kitzelte.

Wastlhuber stand da, wischte sich verwundert die Augen – er sah grade noch vier rote Ruten im Walde verschwinden, hörte ein lautes Gelächter vom Hollerberg her. Hatte er so viel Bier getrunken, daß er sich verirrt und im Rausch diesen schrecklichen Traum gehabt hatte?

Aber das Schrecklichste war: er hatte noch immer Angst, furchtbare Angst, und so rannte er, was er konnte, nach Hause. Und wie er die Weißensteiner Straße hinunterlief, fühlte er, daß ihn hinten etwas Weiches und Wolliges kitzelte. Aber da die Kirchgänger ihm grade entgegenkamen, konnte er nicht nachsehen, was da so furchtbar kitzelte. Er hielt sich die Hand hinten vor und rannte in wilden Sprüngen den Berg hinunter. Zu Hause schloß er sich in seinem Zimmer ein, zog die Hose ab und besah sich von hinten im Spiegel: – großer Gott: da hatte er wirklich einen richtigen Hasenpürzel! Verzweifelt zupfte er daran – aber der Pürzel saß fest. Vorsichtig stopfte er den Pürzel wieder unter die Hose – aber die beiden Dackel schienen doch etwas zu wittern und schnüffelten gern an seiner Hose herum. Jedesmal zuckte der Forstmeister dann zusammen, hielt die Hand hinten vor oder setzte sich schnell auf einen Stuhl. Und wenn er schlafen ging, schloß er immer das Fenster …

So hatte Alo von Rotrute über das Zweibein gesiegt – die Eichhörnchen rannten schon am frühen Morgen von Baum zu Baum, schnalzten und funkten von Wipfel zu Wipfel:

Grosser Sieg über Zweibein!

Es lebe Alo von Rotrute,

unser allergnädigster Herr und Gebieter!

So herrschte Alo, der Fuchs, über den ganzen Wald und alle seine Tiere. Er hauste in seiner uneinnehmbaren Burg, und sein stolzer Wahlspruch lautete:

»Alles für mich!«

»Alles für den Fuchs!« seufzten die Hasen.

»Alles für den Fuchs!« schnalzten die Eichhörnchen.

»Alles für den Fuchs!« krähte der alte Gokkel beim Obermeier, als seine letzte Henne fortgeschleppt wurde.

»Alles für mich!« knurrte Alo und strich stolz über seine rote Rute, die er von seinem Ur-ur-ur-ur-ur-ur-ur-ur-ur-ur-ur-ur-Urgroßvater, Alo dem Schlauen, geerbt hatte:

»Alles für mich!«

Langlöffel der Hase

»Nur keine Angst«, sagte Papa Langlöffel zu seinen drei Söhnen: »nur keine Angst! Und jetzt: tief atmen, den Rumpf vorbeugen, tiefer, noch tiefer – strecken, ausatmen – Brust heraus und Ohren zurück – dreimal nach rechts, dreimal nach links schwingen, und wieder: tief atmen ... Nicht mit den Ohren wackeln, und den Pürzel nicht so einkneifen – locker, ganz locker – so, und jetzt im Takt:

Rechtes Beinchen – tapp, tapp, tapp!
Linkes Beinchen – klapp, klapp, klapp!
Ohren spitz und stramm die Wade!
Brust heraus und Pürzel grade!«

Papa Langlöffel turnte nämlich jeden Morgen auf einer Waldwiese mit seinen drei kleinen Söhnen Pürzelchen, Plüschnäschen und Sammetpfote.

(»Aber die hat der Fuchs doch schon längst aufgefressen – wie können sie noch turnen?« Ja, meine Licben, da habt ihr ganz recht – aber bei Langlöffels gibt es immer wieder Kinder: wenn drei sterben, sind gleich drei neue da. Mama Langlöffel wollte zwar in diesem Jahr keine Kinder haben, aber Papa Langlöffel war eben anderer Ansicht gewesen – und nun waren wieder drei kleine Langlöffels da, ganz so süß und so weich und so mollig wie die drei, die der Fuchs gefressen hatte. Und um diese vor dem gleichen Schicksal zu bewahren und ihnen die große Kunst des Schnell-Laufens beizubringen, turnte nun der Vater täglich mit seinen Jungen.)

»Nur keine Angst«, wiederholte Papa Langlöffel, sah sich nach allen Seiten um, spitzte die Ohren – und fuhr dann mit gedämpfter Stimme fort: »Wer Angst hat, der kann nicht richtig laufen, kann keinen Haken schlagen und stirbt schon vor Schreck, bevor der Fuchs ihn gepackt hat. Wir Hasen sind Helden – und Helden haben niemals Angst. Wenn wir laufen, tun wir es nur, weil die Beine unsere einzige Waffe sind, die Gott uns gegeben hat. Wir haben keine Zähne wie der Fuchs, keine Krallen wie die Katze, keine Stacheln wie der Igel. Wir können nicht, wie Zottelschwanz, auf die Bäume klettern, oder wie Schwarzpelz uns in die Erde verkriechen. Wir können nur laufen. Und wer laufen will, muß gute Beine haben, gute Lungen und ein starkes, tapferes Herz. Und das ist nicht leicht, wenn man sonst nichts hat. Mit scharfen Zähnen braucht man nicht mutig zu sein. Wer aber nur laufen kann, darf keine Angst haben: er muß mit Kunst, mit Überlegung, mit Mut laufen. Er muß den Feind dicht herankommen lassen, im rechten Augenblick zur Seite springen, einen Haken schlagen, er muß auf der eigenen Spur zurücklaufen können, schnurgerade dem Feind entgegen und dann, wenn das Kläffen der Hunde schon ganz nahe ist – mit einem gewaltigen Satz sich seitwärts in die Büsche schlagen! Wo gibt es ein Tier auf der Welt, das so viel Mut und Verstand hat und so kühne Haken schlägt – wie wir Hasen?! Pst – knackte da nicht etwas? Immer die Ohren gespitzt, immer die Schenkel gespannt, immer auf dem Sprung!«

So brachte Papa Langlöffel seinen Jungen die große Kunst des Laufens und Hakenschlagens bei, und Pürzelchen, Plüschnäschen und Sammetpfote hoppelten eifrig hinter ihm her, mit gespitzten Ohren und wackelnden Schwänzchen.

»So, und jetzt, Kinderchen, singen wir noch

das schöne Lied, das Großmama mich gelehrt hat, als ich noch ganz klein war, unser altes Familienlied – paßt auf, ich gebe den Takt« – und Langlöffel hob die Pfote:

»Wenn der Hase ist ein Jahr,
muß er sich erklären:
ob er ledig bleiben will –
oder sich vermehren!«

Da tönte plötzlich mitten in den Hasengesang eine laute Stimme aus dem Wald: »Hau! Hau!« – und Spitzpudeldachs kam mit aufgerissenem Rachen, hängender Zunge und wedelndem Schwanz auf die Wiese gesprungen.

»Los!« rief Langlöffel, schlug die Ohren zurück und lief in den Wald. Plüschnäschen und Sammetpfote rannten hinter ihm her, aber Pürzelchen, der Jüngste, blieb immer weiter zurück, und die schreckliche Stimme von Spitzpudeldachs »Hau! Hau!« kam immer näher.

Nur keine Angst, nur keine Angst! dachte Pürzelchen, und rannte, was es konnte. Da stolperte es über eine Wurzel, rollte zur Seite und konnte sich grade noch unter einem dichten Heidekrautbüschel decken, als Spitzpudeldachs keuchend und kläffend, die

Schnauze dicht auf der Spur der anderen, an ihm vorbeirannte.

»Was nun?« überlegte Pürzelchen, als es sich vom ersten Schreck erholt hatte, die Ohren spitzte und sich vorsichtig nach allen Seiten umsah: »Soll ich den anderen nachlaufen oder umkehren? Oder einfach hier sitzen bleiben? Oder einen kleinen Haken schlagen, wie Papa es gesagt hat: auf der eigenen Spur zurücklaufen, drei Sprünge nach rechts und dann ...«

»Immer mit der Ruhe! Immer mit der Ruhe!« schnaufte plötzlich dicht neben ihm aus dem Heidekraut eine braune stachlige Kugel. Noch nie hatte Pürzelchen etwas so Merkwürdiges gesehen.

»Wer bist du?« fragte Pürzelchen mit klopfendem Herzen.

»Stachelborst ist mein Name«, schnaufte die Kugel, rollte sich ein wenig auf, und eine spitze schwarze Schnauze kam zum Vorschein. »Und wenn du mir folgen willst, führe ich dich in einen Garten, wo es wunderbare Kohlblätter und Karotten gibt. Ich selbst vertrage Gemüse ja nicht und trinke deshalb Milch. Das kleine Zweibein, mein Freund, stellt mir jeden Tag eine Schale Milch vor die Veranda. Wenn du Durst hast, kannst du mittrinken!«

Nun hatte Pürzelchen wirklich großen Durst nach dem furchtbaren Rennen, aber es hatte auch Angst, richtige Angst vor dem kleinen Zweibein.

»Geh du voran«, sagte er endlich: »ich kenne ja nicht den Weg!«

Und ganz vorsichtig, immer die Ohren gespitzt, hoppelte Pürzelchen hinter Stachelborst her, immer geradeaus durch den Wald. Endlich kamen sie an einem mächtigen Quarzfelsen an, der weiß in der Sonne leuchtete, und vor ihnen ragte ein hohes Haus mit spitzem Giebel.

»Dort wohnt das kleine Zweibein, mein Freund«, erklärte Stachelborst und kroch durch den Gartenzaun. Aber Pürzelchen blieb doch lieber draußen. Erst als er Stachelborst mit Behagen die Milch schlecken hörte, hielt er es vor Durst nicht aus, schlug die Ohrlöffel zurück und preßte sich durch die engen Gitterstäbe.

Stachelborst schmatzte und schmatzte. Die kalte Milch schmeckte vorzüglich. Pürzelchen steckte seine Schnauze so tief in die Schale, daß er einen weißen Milchbart bekam. Und er schleckte so eifrig, daß die Milch sogar in die Augen spritzte. Da hörte er plötzlich dicht über sich eine helle Zweibein-Stimme: »Der Osterhase! Der Osterhase!« – und bevor er überhaupt zur Besinnung kam, hatten ihn schon zwei feste kleine Hände gepackt, hoben ihn auf und trugen ihn zur Veranda.

Pürzelchens Herz klopfte sehr, er zitterte am ganzen Leibe, obgleich das kleine Zweibein ihn streichelte, die Wange an seine weichen Löffel legte und ihn mitten auf die bebende Stumpfnase küßte. Und dann rief die helle Stimme:

»Christel! Friedel! Dore! Hella! Krischan! Ute! Hänschen! Rölfchen! Rembert! Ene! Bettina! Veronika! Fritzchen! Kommt schnell und schaut euch doch diesen Osterhasen an!«

Da kamen von allen Seiten kleine Zweibeine angerannt, und jeder wollte das Häschen streicheln.

Endlich glückte es Pürzelchen, sich mit einem gewaltigen Satz zu befreien – aber gerade in diesem Augenblick kam Spitzpudeldachs, der inzwischen von seiner vergeblichen Hasenjagd heimgekehrt war, kläffend aus der Haustür gerstürzt. Pürzelchen rannte, was er konnte, zum Gartenzaun – versuchte sich durchzuzwängen – aber o weh: er hatte so viel Milch getrunken, daß sein Bauch zu dick war: er konnte nicht mehr zwischen den engen Stäben durchkommen. Und Spitzpudeldachs kam immer näher.

Nur keine Angst, nur keine Angst! dachte Pürzelchen – und da passierte ihm vor Schreck ein kleines Unglück. Meine Lieben, ihr werdet schon wissen, was ich meine; das kommt auch in den besten Familien vor, also auch bei Langlöffels. Nun war aber dieses kleine Unglück für Pürzelchen ein großes Glück: denn jetzt war sein Bauch nicht mehr so dick, und er konnte sich grade noch durch den Zaun durchzwängen, bevor Spitzpudeldachs ihn packte. Pürzelchen rannte, was er konnte. Aber noch lange hörte er die hellen Stimmen der vielen kleine Zweibeine:

»Osterhase! Osterhase! Hast du schon bunte Eier gelegt?«

Endlich langte Pürzelchen ganz erschöpft zu Hause an – der Vater und die Brüder waren längst heimgekehrt, und alle hatten sich schon sehr um ihn gesorgt. Als er von seinen großen Abenteuern erzählte, schüttelte Mama Langlöffel tiefgekränkt beide Ohren und fragte mit leiser, aber sehr erregter Stimme:

»Wie, mein Süßer? ›Osterhase‹ hat das freche Zweibein dich genannt?«

»Ja, und es hat mich noch gefragt, ob ich schon bunte Eier gelegt habe. Wenn ich aber etwas lege, sind es keine Eier. Und bunt sind sie schon gar nicht ... Mama, hast du vielleicht einmal bunte Eier gelegt? ...«

Mama Langlöffel war so empört, daß sie ihre beiden Ohren ganz steif zurückschlug und mit der Nasenspitze zu zittern anfing. Das tat sie selten, aber wenn sie es tat, lief Papa Langlöffel gewöhnlich davon. »Mama ist etwas nervös«, flüsterte er dann zu den Söhnen: »nur keine Angst, es geht schon vorüber – aber besser, wir lassen sie jetzt allein!«

Doch diesmal glückte es dem Vater nicht, zu entwischen. Mama Langlöffel hielt ihn am Ohrlöffel fest, zauste ihn und trompetete mit schriller Stimme:

»So, da haben wir es! Jetzt ist es so weit gekommen, daß unsere eigenen Kinder das alberne Lügenmärchen der unverschämten Zweibeine verbreiten, daß wir Eier legen! Und weshalb! Weil du nicht besser auf die Kinder aufpaßt! Weil du nichts gegen diese niederträchtige Verleumdung unternimmst, die uns zum Spott aller Tiere im Walde macht! ›Osterhase!‹ ›Eier legen!‹ Als hätte ich nicht alle meine Kinder ehrlich geboren – aber dir ist es natürlich egal, wie deine Kinder zur Welt kommen. Wenn es soweit ist, läufst du immer fort, und wenn man mich beleidigt, hältst du dir beide Ohren zu! Weißt du, was du bist? Ein ganz gewöhnlicher – Angsthase!«

Dies war das Schlimmste, was Frau Langlöffel ihrem Gatten sagen konnte: denn er war ja ein Held. Und wenn man einen Helden »Angsthase« nennt, dann ist er natürlich beleidigt. Herrn Langlöffels Nasenspitze fing nun auch an zu zittern, und es gab eine sehr erregte Auseinandersetzung. Aber die Eltern sprachen jetzt in der Kaninchensprache – das taten sie immer, wenn die Kinder sie nicht verstehen sollten.

Pürzelchen, Plüschnäschen und Sammetpfote spitzten die Ohren – und auch ihr, meine Lieben, spitzt jetzt wohl die Ohren. Wenn aber Langlöffels in der Kaninchensprache sprechen, dann ist es eben nicht für unsere Ohren bestimmt: dann dürfen wir nicht zuhören! Nur so viel kann ich euch verraten: Frau Langlöffel hielt noch immer ihren Mann am Ohr fest und zitterte mit der Nasenspitze – »Angsthase!« sagte sie noch einmal mit Nachdruck – aber da stellte sich Herr Langlöffel auf die Hinterbeine, machte ein Männchen und »bitte, bitte!« mit den Pfoten, daß Frau Langlöffel (die ja ihren Mann sehr liebte) das Ohr losließ – und hops, mit einem Satz war Papa Langlöffel davongesprungen.

Mama Langlöffel saß da, mit steif zurückgeschlagenen Ohren, und zitterte noch lange mit der Nasenspitze. Als die Nasenspitze endlich nicht mehr zittern konnte, machte auch Mama Langlöffel einen gewaltigen Hopser und lief zur Redaktion des »Waldboten«.

Hier herrschte großer Betrieb, Herr Zottelschwanz hatte gerade eine wichtige Konferenz, die Eichhörnchen schnalzten und funkten von Baum zu Baum, und die Zeitungsjungen rannten schon von Ast zu Ast, streuten die neuesten Tannenzapfenschuppen überall auf dem Moose aus und riefen laut durch den Wald:

REISSZAHN IM ANMARSCH!

REISSZAHN IN BÖHMEN EINGEBROCHEN!

REISSZAHN DICHT VOR DER GRENZE!

Aber Frau Langlöffel ließ sich durch nichts stören. Sie setzte selbst einen großen Artikel auf, in dem sie gegen das Greuelmärchen vom Eierlegen protestierte, und schon in der Abendausgabe stand im »Waldboten« zu lesen:

PROTEST VON FRAU LANGLÖFFEL.

Mama Langlöffel war tief befriedigt, als sie ihren Artikel in der Zeitung las, und auch Herr Langlöffel, der inzwischen heimgekehrt war, nickte anerkennend mit den Ohren:

»Sehr gut«, meinte er und strich sich den Schnurrbart: »sehr gut! Da hast du dem unverschämten Zweibein deine Meinung gründlich gesagt, und wenn er es jetzt noch wagen sollte ...«, und Herr Langlöffel hob drohend die Pfote.

»Männe, du bist doch ein Held!« Frau

Langlöffel warf sich schluchzend an seine Brust: »Verzeih, daß ich ›Angsthase‹ sagte, aber wenn ich dies alberne Märchen vom ›Osterhasen‹ höre, der Eier legen soll, werde ich immer so nervös! Natürlich bist du ein Held – hört ihr es, meine Süßen: Papa ist ein Held, ihr könnt stolz sein, daß ihr einen solchen Vater habt ...!«

In diesem Augenblick schrie ein Zeitungsjunge mit schriller Stimme:

»Extra-Ausgabe! Extra-Ausgabe! Reißzahn im Bayrischen Wald eingebrochen! Drei Schafe am Lusen zerrissen! Reißzahn im Anmarsch!«

Langlöffels spitzten die Ohren und sagten lange kein Wort. Man hörte nur das heftige Klopfen der Herzen und das leise Schnaufen der Nasenspitzen.

»Nur keine Angst! Nur kcine Angst!« sagte endlich der Vater sehr ernst, stampfte dreimal mit der Pfote auf den Boden und horchte: ja, von allen Seiten kam die Antwort – es pochte und klopfte immer dreimal kurz hintereinander. Meine Lieben, merkt es euch: dies war der große Hasenalarm. Überall im Walde trommelten die Hasen mit den Pfoten und gaben einander das Signal zum Appell.

Auch Familie Langlöffel machte sich auf den Weg. Es war inzwischen Nacht geworden, aber der Mond schien hell, und die vielen Hasenohren warfen spitze, lange Schatten auf den mondbeschienenen Weg. Und von allen Seiten und auf allen Wegen wanderten die Hasen in gewaltigen Heeren zur Weißensteiner Alm, gleich unterhalb der Kapelle.

Als alle versammelt waren, hob der alte Langlöffel die Pfote – es wurde mucksmäuschenstill, so daß man nur das Klopfen der vielen Hasenherzen hören konnte – und dann sprach er:

»Hasen und Häsinnen! Helden und Heldenmütter! Reißzahn ist eingebrochen in unser Land und will uns alle auffressen. Nur keine Angst: wir haben zwei gute Waffen – das sind unsere langen Ohren und unsere schnellen Beine. Auf zu den Donaubergen, zum Dreitannenriegel! Wenn wir gleich laufen, holt uns Reißzahn nicht ein!«

Aber weiter konnte Langlöffel nicht sprechen: als er sich umsah, war die Wiese schon leer. Nur hier und dort blitzte noch ein weißer Hasenpürzel zwischen den Wacholderbüschen auf, und der Erdboden dröhnte vom Traben der vielen Hasenpfoten. Ganz an der Spitze liefen die Märzhasen, weil die Märzhasen ja immer die schnellsten und tapfersten sind. Und alle Hasen sangen laut die große Hasenhymne:

»Immer mutig voran! Immer mutig voran!
Pürzel hoch! Wir marschieren, marschieren!
Und wer am schnellsten laufen kann –
Pürzel hoch! – dem kann nichts passieren!!!«

AuchAnglöffels machten sich auf den Weg.

»Immer mit der Ruhe, immer mit der Ruhe!« schnaufte eine tiefe Stimme am Grabenrand.

»Du hast gut reden, Stachelborst«, meinte Herr Langlöffel: »wenn ich solch herrliche Stacheln hätte wie du ...« Dann schlug er die Ohren zurück und lief weiter. Und Frau Langlöffel, Pürzelchen, Plüschnäschen und Sammetpfote rannten hinter ihm her. Die weißen Pürzel leuchteten im Mondschein.

Stachelborst rührte sich aber nicht. Davonlaufen! Nein, er dachte nicht daran. Da hockte er, zusammengerollt, eine kleine braune stachlige Kugel, blinzelte und horchte. Immer leiser wurde das Traben der vielen Hasenpfoten, immer leiser der Hasengesang:

»Und wer am schnellsten laufen kann –
Pürzel hoch! – dem kann nichts passieren!«

Braunauge das Reh

»Ist mein Gehörn nicht prächtig? Oder soll ich die Stangen noch etwas heller an der Fichte schaben und die Enden noch blanker polieren? Und was meinst du zu den Perlen?!«

Braunauge, der Rehbock, drehte seinen Kopf mit dem sechsendigen Gehörn stolz hin und her, und Frau Braunauge betrachtete ihn bewundernd von allen Seiten:

»Prächtig, ganz prächtig! Dein neues Werk ist noch stärker als das vom vorigen Jahr! Die Enden sind noch spitzer, und die Perlen noch größer. Noch nie hab ich ein so herrliches Gehörn gesehen – es ist schon beinahe ein Geweih! Alle Gabler und Spießer werden erblassen vor Neid – keiner kann sich mit dir vergleichen! Jetzt bist du wirklich ein kapitaler Bock!«

Frau Braunauge schmiegte ihren Kopf an seinen Hals und blickte mit ihren großen braunen Augen verliebt zu ihrem Mann hinauf.

»Ja, mein Gehörn ist prächtig, es läßt sich nicht leugnen – aber ein Geweih ist es leider noch immer nicht«, seufzte der Bock bekümmert, »und die Enden muß ich doch noch ein wenig polieren! Wir Künstler müssen immer unserem Werk dienen, wir dürfen nicht wie die Langlöffels und Zottelschwänze in den Tag hinein leben! Oh, wie ich dieses alberne Geschwätz der Zottelschwänze verachte, die meine Ruhe stören! Hörst du? Schon wieder rufen sie ihre neuesten Nachrichten aus, die fast immer erlogen sind!«

Von den Baumwipfeln schnalzten erregte Stimmen:

REISSZAHN! REISSZAHN IM ANMARSCH!

RETTE SICH, WER KANN!

Herr Braunauge lächelte überlegen:

»Dieses Märchen vom Reißzahn ist doch zu albern! Wahrscheinlich hat sich irgendein alter räudiger Hund verlaufen, der nun in den Wäldern umherirrt. Wölfe gibt es bei uns nicht mehr – die kommen nur noch in den Märchen und Kinderbüchern vor, und höchstens irgendwo weit in Rußland. Selbst wenn Reißzahn sich zu uns verirren sollte, wird er sich hüten, mich anzugreifen!« Und Braunauge senkte drohend sein Gehörn und stampfte mit den Vorderläufen, daß die Erde bebte.

»Nicht so wild, nicht so wild, Männe!« versuchte Frau Braunauge ihren Mann zu beruhigen und schmiegte ihren zarten Hals an seine mächtige Brust. Aber er schüttelte unwillig sein Haupt und kehrte sich um:

»Laß mich. *Ich für mich.* Ich muß allein sein und an meinem Gehörn arbeiten. Vielleicht, vielleicht wird es doch noch ein Geweih – wie bei einem Hirsch!« Und feierlich, als trüge er eine Krone, schritt der Bock in das Dickicht.

Frau Braunauge blickte ihm bewundernd nach. Oh, wie sie ihren Mann vergötterte, der jedes Jahr immer neue und immer herrlichere Werke aus seinem Haupte schuf und der alle Tiere des Waldes weit überragte! Nein, sie selbst konnte das nicht. So sehr sie auch manchmal ihren schönen Kopf anstrengte – nicht einmal ein kleiner Knollen kam zum Vorschein. Aber dafür war sie noch viel zarter und schöner gebaut als ihr Gatte; immer wieder mußte sie beim Laufen ihre schmalen

Beine betrachten, und jeden Morgen, wenn sie zur Tränke an den Rachelsee ging, stand sie lange da und betrachtete sinnend ihr schönes Spiegelbild. Auch jetzt war sie am bewaldeten Ufer des Rachelsees stehengeblieben, senkte den Kopf und blickte in das klare dunkle Wasser.

»Ja, ich bin schön«, stellte Braunauge befriedigt fest: »meine Läufe sind schlank, mein Hals ist zart, und meine wunderbaren braunen Augen sind tief und seelenvoll – genau so, wie Rehaugen sein sollen! Unbegreiflich, daß man mich noch nicht fotografiert und gefilmt hat! Wenn ich doch einmal in eine Illustrierte käme, oder wenigstens auf eine Weihnachtspostkarte! Die Zweibeine kommen ja oft hier vorbei und fotografieren den See. Aber was ist ein See ohne Reh! Erst durch mich wird das Wasser, der Wald poetisch und stimmungsvoll! Ich will hier warten – vielleicht kommt doch ein Zweibein vorbei, das mich knipst!«

Und Braunauge stellte sich malerisch am Ufer des Rachelsees hin, neigte ihren Kopf und betrachtete mit seelenvollem Samtblick ihr schönes Spiegelbild.

Da heulte es zum *ersten*mal, – ganz fern, aus den böhmischen Urwäldern am Kubany:

»Huuuu! Huuuuuu! Huuuuuuuuuu!«

(Meine Lieben – merkt es euch und vergeßt es nicht: es heulte zum *ersten*mal.) Und obgleich das Heulen noch sehr weit war, klang es doch unheimlicher als alles Heulen, das Braunauge jemals gehört hatte, und ihr Herz fing leise an zu klopfen. Aber Braunauge wollte ihren Mann nicht stören – vielleicht konnte sie sich auch nicht so schnell von ihrem Spiegelbild losreißen – und so blieb sie am Rachelsee stehen und dachte weiter:

Was war das für ein sonderbares Heulen?! Und warum klopft mein Herz? Oh, ich bin so zart, und meine Nerven sind so empfindsam! Ich kann kein unangenehmes Geräusch ertragen. Und dieses Heulen war wirklich nicht angenehm. Gott sei Dank, – nun ist es wieder still. Aber mein nervöses Herz klopft noch immer. Warum bin ich so empfindsam? Warum können meine zarten Zehen nur auf weiches Moos treten? Warum verträgt mein empfindlicher Magen nur die ganz feinen Grasspitzen? Es ist nicht leicht, ein zartes Reh zu sein. Aber dafür bin ich auch das schönste Tier im Walde!

Da heulte es zum *zweiten*mal – schon näher, dicht hinterm Lusen:

»Huuuu! Huuuuuu! Huuuuuuuuuu!«

(Meine Lieben – merkt es euch und vergeßt es nicht: es heulte zum *zweiten*mal!)

Und das Heulen war diesmal noch unheimlicher, und Braunauges Herz fing noch stärker an zu klopfen. Aber sie wagte nicht, ihren Mann zu stören, und so blieb sie noch immer am Ufer stehen und dachte weiter:

Ja, ich bin so zart und empfindsam, daß es mir weh tut, wenn ich ein Blümchen zertrete oder wenn ich aus Versehen eine kleine Blüte aufesse! Gestern passierte mir das Unglück: aus Zerstreutheit schluckte ich eine Kleeblüte hinunter. Ganz abgesehen davon, daß mein empfindlicher Magen fetten Klee nicht verträgt, bedrückt es mich sehr, daß ich so roh sein konnte! Nun habe ich Bauchschmerzen. Und wenn ich Bauchschmerzen habe, muß ich immer dichten!

Braunauge hob den Kopf, starrte verzückt zum Himmel hinauf und dichtete:

»O süßer Klee! O süßer Klee!

Du blühst so rot – indessen:
Ich böses Reh! Ich böses Reh –
ich hab dich aufgefressen!«

Da heulte es zum *dritten*mal – und diesmal schon ganz nahe, vom Rachel:

»Huuuu! Huuuuuu! Huuuuuuuuuu!«

(Meine Lieben – Ihr habt es euch gemerkt: es heulte zum *dritten*mal. Und wenn es dreimal geheult hat, dann hat das nichts Gutes zu bedeuten. Macht euch auf das Schlimmste gefaßt!)

Braunauge aber merkte nichts. Sie war so ergriffen von ihrem Gedicht, daß sie das Heulen kaum gehört hatte und noch immer verzückt zum Himmel starrte. Und Braunauge dichtete weiter:

»Ich schönes Reh! Ich schönes Reh!
Wie zart sind meine Glieder!
Was wäre ohne mich der See?
So spiegelt er mich wider!«

Da schob sich eine dunkle Wolke vor die Sonne, und der See wurde kohl-pech-raben-tinten-mohren-schwarz. Als Braunauge endlich den Kopf senkte und sich wieder betrachten wollte, erschrak sie, denn dicht neben ihrem Spiegelbild bemerkte sie einen weit aufgerissenen Rachen, blitzende weiße Zähne und böse funkelnde Augen. Braunauge war so erschrocken, daß sie nicht einmal den Kopf wenden konnte. Wie gelähmt stand sie da, und der fürchterliche Rachen kam langsam näher und näher. Schon hörte Braunauge ein schreckliches Keuchen, schon spürte sie einen widerlich heißen Atem dicht hinter sich – aber sich umwenden oder davonlaufen konnte sie nicht: die zarten Beine waren erstarrt. Und auch das Spiegelbild im See war erstarrt und rührte sich nicht.

Das Keuchen wurde immer schrecklicher, und der furchtbare Rachen mit den furchtbaren Zähnen sprach mit einer furchtbar heiseren Stimme:

»Ich bin Reißzahn, der Wolf! Und jetzt werde ich dich fressen!«

Braunauge zitterte – und auch ihr Spiegelbild fing an zu zittern, so daß auch das Wasser sich kräuselte und kleine Wellen über den dunklen See liefen. Endlich fragte Braunauge, ohne den Kopf zu wenden:

»Was habe ich getan, daß du mich fressen willst?«

Da funkelte Reißzahn mit seinen bösen Augen – und auch sein Spiegelbild im See funkelte so, daß man bis auf den Grund des Wassers sehen konnte, wo ein paar faulige, vermoderte Baumstämme lagen (und der Rachelsee ist an dieser Stelle gut einundzwanzig Meter tief – da könnt ihr euch vorstellen, wie furchtbar Reißzahn mit seinen bösen Augen funkelte). Und die heisere Stimme antwortete:

»Ich werde dich fressen, weil ich hungrig bin! Du hast lange genug ein faules, unnützes Leben geführt, dich ohne Arbeit ernährt und dein Spiegelbild betrachtet, während wir hungern mußten! Der Wald ist für alle geschaffen: *Alles für alle!*«

Und Reißzahn war nun schon so nahe gekommen, daß die Spitze seiner kalten Schnauze Braunauges Hinterbein berührte. Und er fletschte die Zähne, und der weiße Geifer lief an seiner roten Zunge herunter. (Aber Braunauge sah dies alles nur im Spiegelbild: den Kopf umwenden konnte sie noch immer nicht.)

Endlich sagte Braunauge mit leiser, aber fester Stimme, obgleich ihre zarten Glieder bebten:

»Es ist wahr, mein Leben war vielleicht unnütz, und ich habe vielleicht zu oft mich selbst betrachtet – weil ... weil ich so schön bin. Ich hoffte sogar im stillen, daß Zweibein mich fotografieren und filmen würde – so eitel war ich. Das sehe ich jetzt ein. Auch habe ich neulich eine Kleeblüte aufgegessen – obgleich es doch so viel Gräser gibt. Das war unrecht von mir – ich will es nie wieder tun ...«

»Dazu wirst du auch kaum noch Gelegenheit haben«, knurrte Reißzahn: »denn ich fresse dich ja gleich auf! Du siehst also ein, daß du ein unnützes, eitles Leben geführt und dich vom Ertrag des Waldes genährt hast, während wir hungern mußten? ...«

»Und warum kannst du nicht auch Gras essen?«

»Ich – Gras?!«

Reißzahn riß beleidigt seinen furchtbaren Rachen weit auf und fletschte seine furchtbaren Zähne:

»Sieh dir mal mein Gebiß an! Soll ich mit diesen herrlichen Zähnen elendes Gras rupfen? Nein, jetzt rupfe ich ein ganz anderes Pflänzchen, das mir herrlich munden wird!«

Und mit diesen Worten ... (meine Lieben,

habt ihr euch auf das Schlimmste gefaßt gemacht? Wenn nicht, dann macht eine kleine Pause oder stopft euch die Ohren zu!) – und mit diesen Worten ... (nein, ich kann nicht erzählen, was jetzt geschah – nur so viel kann ich euch sagen):

Braunauge sah nichts mehr im Spiegelbild – und als die Sonne bald darauf wieder aus den Wolken hervortrat, schwamm nur noch ein roter Fleck auf dem dunklen Wasser – rotes Blut – und am Ufer lag ein rotes Fell mit ein paar zarten Knochen.

Das war alles, was der Rehbock von Braunauge vorfand, als er am Abend zur Tränke kam, um seinen Durst zu stillen und sein neues Werk zu betrachten. Er stampfte zornig mit den Vorderläufen auf dem Boden, warf empört den Kopf mit dem stolzen Gehörn in die Luft und sagte dreimal:

»Wehe! Wehe! Wehe!«

Und dann senkte er sein Haupt, so daß er sein Gehörn im Wasser betrachten konnte, und seufzte tief:

»Oh, ich armes, armes Reh! Das Schicksal hat mich hart getroffen!«

»Immer mit der Ruhe, immer mit der Ruhe!« schnaufte es plötzlich unter ihm aus einem Heidelbeerstrauch. Und Stachelborst, der alte Igel, der dort zusammengerollt lag, fuhr fort:

»Reißzahn schläft jetzt drüben im Gestrüpp – hörst du, wie er schnarcht? Geh schnell hin und bohr deine spitzen Hörner in seinen vollen Bauch!«

Aber Braunauge, der Rehbock, schüttelte gekränkt sein stolzes Haupt:

»Erstens habe ich keine Hörner, wie die Schafe und Ziegen – sondern ein Gehörn, zweitens kann ich unmöglich meine weißpolierten Enden mit dem ekelhaften Blut eines Raubtieres besudeln, und drittens bin ich so tief erschüttert, daß ich mich unbedingt in die Einsamkeit zurückziehen muß, um mich von meinem furchtbaren Schmerz zu erholen! *Ich – für mich!«*

Und damit kehrte sich Braunauge, der Bock, um – warf noch schnell einen Blick in den See: ja, das Gehörn mit den weißen Enden leuchtete prächtig in der Sonne, aber die roten Blutstropfen, die noch auf dem Wasser schwammen, sah er nicht mehr – hob stolz das Haupt, als trüge er eine Krone, und schritt feierlich zurück in das Dickicht.

Reißzahn der Wolf

Als Reißzahn endlich aus seinem tiefen Schlaf aufwachte und gähnend sich streckte, fühlte er einen unangenehmen Stich auf der linken Seite. Er drehte sich auf die andere Seite – aber schon wieder stach ihn etwas. Ärgerlich hob er den Kopf, blinzelte, schnüffelte, fuhr mit der Schnauze zurück und sprang entsetzt auf: da lag dicht vor ihm eine abscheuliche stachlige Kugel und hatte ihn mitten in die Schnauzenspitze gestochen.

»Wer bist du, unverschämter Kerl?« knurrte Reißzahn und wischte sich die blutende Nase mit der Pfote.

»Stachelborst ist mein Name«, schnaufte die Kugel und rollte sich noch fester zusammen.

»Und du wagst es, mich zu stechen? Geh mir sofort aus dem Weg und scher dich zum Teufel!«

»Ich glaube, bei dem bin ich schon!« kicherte die Kugel. »Übrigens hast auch du vier Beine: wenn dir meine Gesellschaft nicht paßt

– bitte sehr, der Wald ist ja groß! Dies hier ist aber *mein* Platz!«

»Frecher Lümmel! *Dein* Platz? Weißt du denn nicht, daß *alles allen* gehört?!«

»Alles allen? Da irren Sie sich, hochverehrter Herr Reißzahn – vielleicht bei Ihnen zu Hause, aber nicht bei uns im Bayrischen Wald! Hier gehört *jedem etwas!*«

»Blödsinn! Alles für alle!«

»Nein – etwas für jeden!«

»Alles für alle!«

»Etwas für jeden!«

Reißzahn fletschte wütend die Zähne und schlug mit dem Schweif hin und her. (Meine Lieben, wenn der Wolf mit dem Schwanz wedelt, darf man ihn nicht streicheln, und wenn er die Zähne fletscht, dann soll man lieber nicht seinen Kopf kraulen! Merkt euch das auf alle Fälle.)

Aber Stachelborst konnte ja gar nicht sehen, wie furchtbar Reißzahn die Zähne fletschte, denn er hatte ja seinen Kopf tief unter den Stacheln eingezogen.

Da brüllte Reißzahn:

»Wenn du nicht sofort verduftest, freß ich dich auf!«

Stachelborst lachte in seinen Stachelbart hinein:

»Bitte sehr: probier es doch – guten Appetit!«

Da stampfte Reißzahn mit den Pfoten, kratzte, scharrte und rollte die widerliche Kugel auf die andere Seite – aber überall waren spitze Stacheln, und die stachen abscheulich, wenn man ihnen zu nahe kam.

Reißzahn heulte auf: Und dann fluchte und schimpfte er in der Wolfssprache: »Tschortwosmi! Tschortwosmi! Duraksukinsyn! Duraksukinsyn! Prokljatajabestija! Prokljatajabestija! (Meine Lieben, dieser Wolfsfluch ist so furchtbar, daß man ihn gar nicht übersetzen kann. Der Sinn ist ungefähr, aber nur noch viel schlimmer: »Himmel-herrgott-kreuz-bomben-element-malefiz-sakrasakrasakra ...« Das braucht ihr euch aber nicht zu merken!) Und fluchend und heulend lief Reißzahn davon. Und sein Heulen gellte durch den ganzen Wald, vom Rachel bis zum Falkenstein, und vom Höllbachgspreng bis zum Gipfel des Arber, und vom Arber bis zum Hollerberg und Teufelstisch.

Und alle Tiere des Waldes fingen an zu zittern: Schwarzpelz, der Maulwurf, verkroch sich noch tiefer in die Erde; Langlöffels, die Hasen, rannten noch weiter bis zur Donau; Braunauge, der Rehbock, versteckte sich im dunkelsten Dickicht, und sogar Alo von Rotrute, der Fuchs, grub sich noch tiefer in seine Burg ein, wo er Vorräte aufgestapelt hatte, und auch Pex, Pax, Pox und der kleine dreibeinige Pux durften ihre Nasenspitzen nicht aus dem Loch stecken.

Auch die Zweibeine blieben in ihren Häusern, horchten mit klopfenden Herzen, wenn es nachts in den Wäldern heulte, schlossen Fenster und Türen zu und stopften sich Watte in die Ohren. Die mutigen Jäger von Bogen sprachen wohl immer wieder davon, den Wolf zu jagen, als sie sich aber endlich einmal bis zum Schützenhof vorwagten, erschraken sie so vor dem alten blinden Schäferhund, der dort heulend vor seiner Hütte saß, daß sie ihn für den Wolf hielten und totschossen. Die mutigen Jäger von Bogen konnten ja nur Hunde treffen.

Und Wastlhuber, der Forstmeister? Ja, mit ihm war es merkwürdig. Seit jenem furchtbaren Erlebnis auf dem Hollerberg ging er nur noch in den Gasthof zum Schimmelwirt, trank eine Maß nach der anderen, und wenn er endlich heimkehrte, lief er so schnell er konnte und hielt immer beide Hände auf der Kehrseite des Bauches (Meine Lieben, ihr wißt schon, wo!) – und seine beiden Dackel rannten kläffend hinter ihm her. Nein, nach Weißenstein, zum Hollerberg, war er seit jenem schrecklichen Morgen nie mehr hinaufgegangen. Und wenn er nachts den Wolf heulen hörte, lag er mit gesträubten Haaren im Bett – sogar sein Pürzel, der inzwischen ganz groß und wollig geworden war, sträubte sich unter der Decke, und seine beiden Ohren, die immer länger und spitzer wurden, wackelten vor Entsetzen.

Nur Zottelschwanz, das Eichhörnchen, hatte keine Angst. Es hatte sein rotes Fell abgelegt, den grauen Winterpelz angezogen – inzwischen war es ja Herbst geworden – und als der kalte Böhmerwind blies, drehte es seinen Zottelschwanz ganz einfach auf die andere Seite.

»Man muß mit der Zeit gehen und nie zurückbleiben!« erklärte Zottelschwanz im

»Waldboten«: »Und man muß immer von *einem* Baum auf den *andern* springen! Was gestern falsch war, das ist heute richtig. Und richtig ist immer das, was die öffentliche Meinung ist. Und die öffentliche Meinung – das bin ich!«

Seitdem Herr von Rotrute sich tief in seinem Bau verkrochen hatte und Reißzahn heulend durch die Wälder trabte, schnalzten und funkten die grauen Eichhörnchen von Baum zu Baum:

»Nieder mit Rotrute, dem Ausbeuter! Es lebe Reißzahn, der Volksbeglücker: alles für alle!«

Aber Zottelschwanz selbst verspeiste die Kerne der Tannenzapfen ganz allein für sich – nur die leeren Schuppen der Zapfen streute er überall auf dem Moose aus, damit alle die öffentliche Meinung lesen konnten: »Alles für alle!«

Der alte Stachelborst las aber keine Zeitung, und deshalb hatte er keine öffentliche, sondern nur eine eigene Meinung, und die war:

»Etwas für jeden!«

Er kümmerte sich nicht um das, was die

neugierigen Eichhörnchen schwatzten und nicht um das Heulen von Reißzahn.

Heule nur, heule nur! dachte er: mich vertreibst du nicht mit deinem albernen Geheul, und wenn du mir zu nahe kommst, stech ich dich noch einmal! Ich habe genügend Stacheln, und alle sind scharf gespitzt und dringen auch durch das dickste Fell! Ich werde dich so lange kitzeln, bis du ganz anders heulen und mit eingekniffenem Schwanz davonlaufen wirst!«

Nur wenn es regnete, blieb Stachelborst in seiner Höhle, denn sobald seine Haut naß wurde, konnte er sich nicht zusammenkugeln. (Merkt es euch, meine Lieben, verratet es aber nicht, denn dies ist ein Geheimnis! Und wenn ihr einen Igel seht, begießt ihn niemals mit Wasser!)

Hier in seiner warmen, mit Moos ausgepolsterten Felsenhöhle verbrachte Stachelborst mit seiner Frau den ganzen langen Winter. Draußen heulte der Sturm, heulte der Wolf, heulte der alte Spitzpudeldachs, weil sein Herrchen, das junge Zweibein, in eine weite Stadt gefahren war, um dort zur Schule zu gehen. Auch für Stachelborst war das schmerzlich: niemand stellte ihm jetzt die Milchschale hin, und so mußte er an seinen eigenen kurzen Pfoten saugen.

Aber endlich wurde es wieder Frühling, der Schnee schmolz, und die Sonne brannte warm auf den weißen Quarzfelsen. Und Frau Stachelborst bekam ein Junges. Leider starb sie selbst bei der Geburt, aber das Kind blieb am Leben: eine süße runde weiche Kugel – so groß wie eine Pflaume und so weich wie ein Wolleknäuel. Igelbabys haben nämlich noch keine Stacheln, so wie Zweibeinbabys keine Zähne haben. Erst viel später, wenn die Igel mündig werden, dürfen sie Stacheln tragen, und das ist dann eine große Feier: der Vater rupft sich drei Stacheln aus und pflanzt sie auf dem Rücken des Kindes ein. Ganz schnell vermehren sich dann die Stacheln von selbst. Und solange ein Igel keine Stacheln hat, muß er in der Höhle bleiben.

Klein-Stachelborst war aber sehr ungeduldig und wollte gleich die Stacheln haben, um mit dem Vater in den Wald zu laufen. Denn immer allein in der Höhle hocken – das war nicht nach seinem Geschmack.

»Immer mit der Ruhe, immer mit der Ruhe!« brummte der alte Stachelborst: »noch bist du zu klein, noch mußt du tüchtig wachsen. Wenn du aber so groß wie Schwarzpelz bist, werde ich mir die drei schönsten und spitzesten Stacheln ausreißen und auf deinem Rücken einpflanzen – sieh: diese drei Stacheln!«

Und Klein-Stachelborst durfte sie vorsichtig berühren: es waren ganz erstklassige, prima Stacheln!

»Warum nicht gleich? Warum nicht gleich?« jammerte der Junge.

»Weil Waffen nichts für kleine Kinder sind!« knurrte der Vater streng: »Der liebe Gott hat uns die Stacheln nicht zum Spaß gegeben, um damit zu spielen, sondern zum Schutz. Denn wir Igel haben das zarteste und weichste Fell von allen Tieren – nur weil wir *inwendig* so weich sind, haben wir von *außen* die spitzen Stacheln bekommen, um uns vor unseren vielen Feinden zu schützen. Nur zu unserem Schutz, nicht zum Angriff, hat der liebe Gott uns den Waffenrock gegeben! Warte noch ein wenig – bald wirst du ihn auch tragen!«

»Warum nicht gleich? Warum nicht gleich?« heulte Klein-Stachelborst. Aber der Vater ließ ihn ruhig heulen und machte sich auf den Weg, um einen fetten Frosch für das Mittagessen zu fangen. Da die Frau gestorben war, mußte er ganz allein für den Haushalt sorgen.

Auch Alo von Rotrute mußte endlich seine Burg verlassen: die Wintervorräte waren längst aufgefressen, und Pex, Pax und Pox und der dreibeinige Pux jammerten schon lange vor Hunger. Die fetten Hasen waren ja ausgewandert, und der ganze Wald war öde und leer geworden, seitdem Reißzahn herrschte. So mußte sich Alo von Rotrute mit Fröschen begnügen – mit »kaltem Imbiß«, wie er sie nannte. Und Frösche gab es im Sumpf, gleich unterhalb des Hollerberges. Hier trafen sich Alo von Rotrute und Stachelborst auf der Froschjagd.

Als der ausgehungerte Fuchs den fetten, runden Igel sah, floß ihm das Wasser im Munde zusammen, und er dachte: So ein Igelbraten wäre nicht übel – warum ist aber dieser Leckerbissen mit solchen abscheulichen Stacheln gespickt? Und Alo, der fast so schlau war wie sein Ur-ur-ur-ur-ur-ur-ur-ur-ur-ur-ur-Urgroßvater, Alo der Schlaue, machte ein freundliches Gesicht, zwinkerte mit den Augen und seufzte:

»Schlimme Zeiten! Schlimme Zeiten! Wir beide müssen gegen Reißzahn zusammenhalten: gib mir ein paar Stacheln ab und verrat mir dein Geheimnis, wie du dich so schön zusammenkugeln kannst! Laß mich doch einmal deinen Bauch sehen!«

Aber Stachelborst war auch nicht dumm: als Herr von Rotrute gerade den Bauch beschnüffeln wollte, kugelte er sich so plötzlich zusammen, daß ein Stachel sich tief in die Schnauze bohrte.

»Du unverschämter Kerl!« heulte Alo auf: »überfällst mich heimtückisch, während ich nur mit den besten Absichten freundschaftlich deinen Bauch beschnüffeln wollte! Das sollst du mir büßen!«

»Dich friedliche Schnüffelschnauze kenne ich!« lachte Stachelborst: »Rutsch mir den Buckel herunter: zehnmal herauf und zwanzigmal herunter! Ich will dich nur ganz freundschaftlich kitzeln – dort, wo du es am meisten merken wirst! Natürlich nur mit den besten Absichten!«

Alo von Rotrute war so wütend, daß er nichts sagte. Und da er Stachelborst nicht im ehrlichen Kampf besiegen konnte, hob er sein rechtes Hinterbein ... (Meine Lieben, ihr könnt euch schon denken, was er tat!) – aber Stachelborst, der ja zusammengerollt war und nichts sehen konnte, dachte, daß es regnet, und als seine Haut immer nasser wurde, mußte er sich auseinanderrollen. Schnell wollte er unter einen Baum laufen.

Aber in diesem Augenblick hatte Alo von Rotrute ihn von der Seite gepackt, blitzschnell in den weichen Bauch hineingebissen – und nun schälte er den armen, wehrlosen Igel von innen heraus – bis nur das Stachelfell übrigblieb.

Armer Stachelborst – so hat der schlaue Fuchs dich doch endlich besiegt, nicht im ehrlichen Kampf, sondern hinterrücks, mit feiger List dich deines Waffenrockes beraubt – was soll jetzt aus deinem Sohne werden, der nun ohne Stacheln aufwachsen muß?!

Aber Alo von Rotrute konnte sich nicht lange seines Sieges freuen. Er hatte so gierig den warmen Igelleib verschlungen, daß er einen spitzen Stachel mitverschluckt hatte. Der blieb ihm nun im Halse stecken – und je mehr er würgte, desto tiefer bohrte sich der Stachel in die Gurgel. Denn es war ja ein erstklassiger, prima Stachel: ganz spitz und lang.

Alo krümmte sich vor Schmerzen, wand sich hin und her, schlug wild mit seiner roten Rute um sich. Aber auch die Zauberrute half ihm nicht, denn es war kein Vollmond, und so konnte er nicht zaubern. Und der Stachel tat ihm so weh, und er jammerte so erbärmlich, daß er nicht einmal das Heulen von Reißzahn hörte, der immer näher kam.

Und wieder heulte es *drei*mal: zuerst auf dem Quarzfelsen von Weißenstein, dann bei der Tafernwirtschaft vom Arbinger, und zuletzt auf dem Hollerberg – und wenn es dreimal geheult hat, dann hat das nichts Gutes zu bedeuten. (Meine Lieben, macht euch auf das Schlimmste gefaßt!)

Der alte Alo krümmte sich am Boden.

»Alles für dich! Alles für dich!« spottete Zottelschwanz, der sich hoch oben auf einem

Tannenwipfel schaukelte: »Du wolltest doch alles haben – da hast du nun auch den Stachel bekommen!«

Der alte Alo schrie erbärmlich. Da fiel ein dunkler Schatten über seinen roten Pelz – und im nächsten Augenblick hatte Reißzahn ihn zerrissen. Das rote Fell und die herrliche rote Rute lagen in Fetzen zerstreut auf dem blutgetränkten Moos.

Als Reißzahn sich mit funkelnden Augen umblickte, bemerkte er das Stachelfell von Stachelborst, das Alo fortgeworfen hatte.

»Alles für alle!« knurrte Reißzahn und hob das Stachelfell auf: »das kommt davon, weil du so unverschämt warst und mich gestochen hast! Nun kann ich deine Stacheln wenigstens als Zahnstocher gebrauchen!«

Und Reißzahn hängte sich das Stachelfell um den Hals, nahm gleich einen Stachel und stocherte in seinem furchtbaren Rachen herum. Denn vom vielen Fressen hatte er schon einen hohlen Zahn bekommen.

Dann warf er den Zahnstocher fort und trabte weiter.

Nun hatte Reißzahn auch den mächtigen Alo von Rotrute besiegt, und auch der tapfere

Stachelborst war gefallen. Und alle Bäume und Tiere zitterten und neigten sich vor dem Wolf, dem Herrscher des Waldes.

Klein-Stachelborst wartete und wartete in seiner Höhle – aber der Vater kam nicht. Es wurde Tag, es wurde Nacht, und wieder Tag und wieder Nacht. Aber der Vater kam nicht. Obgleich Klein-Stachelborst noch sehr klein war, hatte er doch schon einen sehr großen Hunger, und je länger er wartete, um so hungriger wurde er.

Endlich hielt er es nicht länger aus, kroch aus der Höhle und schnüffelte auf dem Moos herum, bis er die Spur des Vaters fand – und nun rollte er eifrig unter den Heidelbeer- und Heidekrautbüscheln immer geradeaus durch den Wald. Wenn ihm ein fetter Bissen begegnete – ein kleiner Frosch oder eine Spitzmaus – fraß er ihn schmatzend auf und lief dann weiter. Nein, in die Höhle wollte er nicht zurück, er wollte den Vater suchen. Vielleicht mußte der Vater kämpfen, und da wollte er ihm natürlich helfen.

Wenn ich auch noch keine Stacheln habe, dachte er, so habe ich doch schon spitze Zähne! Und mutig rannte er weiter.

Da begegnete er dem kleinen Silberfleck, der wieder heimlich aus seinem Loch gekrochen war, um seinen großen Bruder zu suchen.

»Kehr um«, riet ihm Silberfleck, »kehr um in deine Höhle! Die Welt ist zu groß, und wir beide sind zu klein. Auch ich kann meinen großen Bruder niemals erreichen. Sieh – dort kommt er eben aus der Erde gekrochen, aber ich laufe ihm nicht mehr nach, ich winke ihm nur zu – vielleicht sieht er mich doch, obgleich ich so klein bin. Mein armer Bruder ist heute so mager – aber manchmal ist er ganz dick und rund und richtig vollgefressen. Und zuweilen lacht er sogar. Nein, heute sieht er traurig aus, und dann werde ich selbst ganz traurig. Sicher hat er einen Schmerz, und ich kann ihm nicht helfen. Doch nachlaufen – das hat keinen Sinn. Auch du solltest umkehren: deinen Vater findest du nicht!«

Aber Klein-Stachelborst lief unbeirrt immer weiter. Immer mit der Ruhe, dachte er: immer mit der Ruhe – einmal werde ich den Vater schon finden! Und jetzt im Mondschein konnte er die Spur noch deutlicher erkennen:

dort lief sie, am weißen Quarzfelsen, und dann am Gartenzaun entlang, zur Wiese hinunter.

Hinter dem Gartenzaun hockte der alte Spitzpudeldachs und blinzelte in das Mondlicht. Als er Stachelborst sah, steckte er die Schnauze durch das Gitter, wedelte mit dem Schwanz und winselte:

»Nein, unser Herrchen ist noch immer nicht gekommen – kein Herrchen und keine Milch!«

»Ich suche keine Milch, ich suche meinen Vater!«

Der alte Spitzpudeldachs schüttelte traurig den Kopf:

»Kehr um, kleiner Stachelborst, kehr um! Die Welt ist zu groß, deinen Vater findest du nicht! Auch ich habe überall mein Herrchen gesucht, bin durch weite Wälder und über hohe Berge gelaufen – und mußte doch umkehren! Und als ich durch Bogen lief, haben die Jäger mich für den Wolf gehalten und mir die rechte Vorderpfote abgeschossen. Jetzt kann ich nur noch auf drei Beinen humpeln. Ich sitze hier und warte auf mein Herrchen. Laufen kann ich nicht mehr. Die Welt ist zu groß, und wir beide sind zu klein. Kehr um, kehr um: deinen Vater findest du nicht!«

Aber Stachelborst lief eigensinnig weiter, quer über die Wiese zum Hollerberg. Es wurde schon hell, die erste Lerche stieg auf:

»Kehr um«, rief sie Stachelborst zu: »Kehr um! Reißzahn trabt durch die Wälder und frißt alles auf, was auf der Erde herumläuft! Kehr um!«

Aber Stachelborst rollte eifrig weiter! Als er am Hollerberg anlangte, stand die Sonne schon hoch am Himmel. Da schnalzte Zottelschwanz, der grade an einem Tannenzapfen knabberte:

»Kehr um, Stachelborst, kehr um: deinen Vater findest du nicht mehr – Alo von Rotrute hat ihn aufgefressen!«

Stachelborst wurde es ganz schwarz vor den Augen. Er blieb stehen, sein weiches Fell zitterte, und seine Schultern zuckten. Aber dann raffte er sich auf und rannte weiter. Jetzt muß ich den Tod meines Vaters rächen, dachte er, jetzt muß ich mit Rotrute kämpfen! Außerdem muß ich mir die drei Stacheln holen, damit ich endlich meinen Waffenrock bekomme!

Und so lief er immer weiter auf der Spur, bis er zu der Stelle kam, wo der furchtbare Kampf stattgefunden hatte. Aber vom Vater fand er nichts – nur die Fetzen von Rotrutes Fell und Schwanz lagen auf dem blutgetränkten Moos ausgestreut. Und Pex, Pax, Pox und Pux hockten schluchzend neben den traurigen Überresten.

»Wo ist mein Vater?« fragte Stachelborst.

»Den hat unser Vater aufgefressen!«

»Und wo ist euer Vater?«

»Den hat Reißzahn aufgefressen!« schluchzten Pex, Pax, Pox und Pux.

»Und wo ist Reißzahn?«

»Das wissen wir nicht!«

Stachelborst sah sich nah allen Seiten um: da entdeckte er den Stachel, den Reißzahn als Zahnstocher benutzt und fortgeworfen hatte. Schnell hob er ihn auf und steckte ihn sich in den Rücken: Besser ein Stachel, als keiner! dachte er: und jetzt muß ich mir auch die anderen Stacheln holen! Wenn Rotrute den Vater und Reißzahn Rotrute gefressen hat – dann muß Reißzahn die Stacheln haben!

Und Stachelborst schnüffelte so lange auf

dem Moos herum, bis er die Spur von Reißzahn fand.

»Wohin? Wohin?« fragte der neugierige Zottelschwanz, als Stachelborst schnaufend wieder an ihm vorbeikam.

»Ich suche Reißzahn – weißt du, wo er ist?«

»Du bist wohl verrückt geworden? Reißzahn schläft sich eben aus, nachdem er Herrn von Rotrute aufgefressen hat – niemand darf ihn stören!«

»Um so besser, wenn er schläft!« meinte Stachelborst: »dann brauche ich nicht so weit zu laufen!« Und schnaufend rollte er weiter, immer auf der Spur von Reißzahn, die in ein dunkles Dickicht führte.

»Kehr um, kehr um, kleiner Stachelborst!« warnte ein Eichelhäher: »kehr um, bevor es zu spät ist! Kehr um, bevor Reißzahn aufwacht und dich auffrißt! Er schluckt dich mit einem Happen herunter – du hast ja nur einen einzigen Stachel!«

»Grade deshalb muß ich zu Reißzahn und mir die Stacheln holen, die er geraubt hat!« erklärte Stachelborst und kroch immer tiefer in das Dickicht hinein.

Jetzt hörte er schon Reißzahn schnarchen, und Reißzahn schnarchte so fürchterlich, daß alle Bäume zitterten und vor Entsetzen ihre Nadeln auf dem Moos ausstreuten.

Auch Stachelborsts kleines Herz fing an zu klopfen, als er plötzlich vor dem grauen Ungeheuer stand und der heiße Atem des schnarchenden Rachens ihm in die Nase blies. Aber dann fielen ihm die Worte des Vaters ein: – »immer mit der Ruhe!« – er hielt sich die Nase zu (denn so ein Wolfsrachen, meine Lieben, riecht nicht angenehm!), stellte sich auf die Hinterpfoten und räusperte sich dreimal:

»Hm-hm! Hm-hm! Hm-hm!«

Aber Reißzahn schnarchte ruhig weiter.

Da kitzelte Stachelborst mit seinem einzigen Stachel die schnarchende Schnauze. Reißzahn mußte niesen (meine Lieben, wenn ein Wolf niest, dann bebt die Erde!), und auch Stachelborst fing an zu zittern und wollte schon davonlaufen, aber da entdeckte er das Stachelfell des Vaters, das Reißzahn sich um den Hals gehängt hatte, um nach dem Essen immer die Zahnstocher bei der Pfote zu haben. Und als nun der kleine Stachelborst in seiner furchtbaren Angst das prächtige Fell des Vaters sah – dieses gute, alte, geliebte Fell mit den herrlichen Stacheln – wurde er wieder mutig und sagte ganz laut mit fester Stimme:

»Zur Gesundheit! Mein Herr, wachen Sie auf! Sie haben genug geschlafen!«

Reißzahn gähnte, rieb sich verwundert die Augen und sah sich blinzelnd nach allen Seiten um. Obgleich Stachelborst sich auf die Hinterpfoten gestellt hatte, war er doch so winzig klein, daß Reißzahn ihn gar nicht bemerkte.

»Wer wagt es, meinen Schlaf zu stören?« knurrte er böse. »Wer bist du, und was willst du von mir?«

»Ich bin Stachelborst, und ich will das Fell meines Vaters, das du geraubt hast. Denn es gehört mir und nicht dir!«

»Alles für alle!« brummte Reißzahn, nahm einen Stachel und stocherte in seinem hohlen Zahn: »Alles für alle – dir gehört nichts!«

»Etwas für jeden!« antwortete Stachelborst: »das Fell gehört mir! Aber du kannst es behalten, wenn du mir nur ein paar Stacheln gibst – damit ich doch wenigstens ein Andenken an meinen Vater habe!«

»Und wozu brauchst du die Stacheln?«

fragte Reißzahn und stocherte noch immer in seinem hohlen Zahn herum. Und noch immer hatte er Stachelborst gar nicht entdeckt, weil der so klein war. Er glaubte, die Stimme käme aus dem Dickicht – daß der kleine Stachelborst so frech war, sich dicht vor seiner Schnauze aufzustellen, auf den Gedanken kam Reißzahn gar nicht.

»Ich brauche die Stacheln, um mich vor meinen Feinden zu schützen«, und Stachelborst versuchte, seine piepsende Stimme so laut wie möglich zu machen, um seine eigene Angst zu verbergen, beugte sich vor und schrie in Reißzahns linkes Ohr: »Du hast Zähne zum Beißen, Braunauge hat Hörner zum Stoßen, Langlöffel hat Beine zum Laufen, Zottelschwanz Krallen zum Klettern, Schwarzpelz Schaufelpfoten, sich in die Erde zu verkriechen – und so brauche ich die Stacheln!«

»Nein, die brauchst du nicht«, knurrte Reißzahn ärgerlich: »dein Vater hat mich einmal gestochen, und das tat sehr weh. Deshalb sollst du nie mehr Stacheln haben und nur noch als weiche, glatte Kugel durch den Wald rollen!«

Damit stand Reißzahn auf, warf den Zahnstocher fort, schüttelte und streckte sich, machte einen gewaltigen Satz und war im Dickicht verschwunden.

Stachelborst hob den Zahnstocher auf, putzte ihn am Moos ab und steckte ihn sich auf den Rücken. Besser zwei Stacheln als einer, dachte er, und wenn ich erst drei habe, wachsen die anderen ja von selbst nach! Aber drei muß ich haben!

Und Stachelborst wanderte wieder auf der Spur von Reißzahn, bis er am dritten Tag den dritten Stachel fand. Denn Reißzahn brauchte immer einen Zahnstocher am Tag: er war sparsam und wollte möglichst lange mit dem Vorrat auskommen.

Als Stachelborst die drei Stacheln sich ins Fell gesteckt hatte, verkroch er sich in seiner Höhle und wartete. Und richtig, bald zeigten sich überall auf dem Rücken winzige spitze Borsten, die schnell wuchsen. Zuerst waren sie weich und zart, aber bald wurden sie hart und scharf – genau so schön, wie der Vater sie gehabt hatte.

Und als der Waffenrock endlich fertig war,

kroch Stachelborst aus seiner Höhle heraus, rund und groß – denn er selbst war in dieser Zeit auch gewachsen – und wanderte so lange, bis er Reißzahns Spur fand. Das war nicht schwer: überall zeigten Blutlachen, Fellfetzen, Knochen und Federn den Weg, den Reißzahn gegangen war. Sogar in die Dörfer drang Reißzahn jetzt ein und holte sich die Schafe und Ziegen aus den Ställen. Auch in Weißenstein war er eingebrochen und hatte beim Obermeier ein Kalb und beim Gaißen-Xaver drei Ziegen gerissen. Die Zweibeine wagten kaum noch aus den Häusern zu gehen, die mutigen Jäger von Bogen und der Forstmeister Wastlhuber kamen aus dem Schimmelwirt überhaupt nicht mehr heraus und tranken eine Maß nach der anderen – und wenn der Wolf heulte, steckten sich alle Watte in die Ohren. So fürchterlich war dieses Heulen. Unnd auch der alte Spitzpudeldachs verkroch sich in seiner Hundehütte, leckte sich den Pfotenstummel und wartete noch immer auf sein Herrchen.

So wanderte Stachelborst ganz allein durch den dunklen Wald, immer auf der Spur von Reißzahn, und als er ihn endlich am Rachelsee fand, wo sich das graue Ungeheuer zum Schlafen ausgestreckt hatte, stach er ihn so heftig in den Pfotenballen, daß Reißzahn heulend aufsprang und fürchterlich fluchte. Und wieder fluchte er natürlich in der Wolfssprache:

»Tschortwosmi Tschortwosmi! Duraksukinsyn! Duraksukinsyn! Prokljatajabestija! Prokljatajabestija!« (Das bedeutet ungefähr ... – meine Lieben, ihr habt euch hoffentlich nicht den Fluch gemerkt, wenn aber doch, dann müßt ihr ihn gleich vergessen!)

Und heulend und fluchend, mit eingekniffenem Schwanz, nahm Reißzahn Reißaus.

Stachelborst lief aber immer hinter ihm her, und wenn Reißzahn sich ausstreckte und gerade eingeschlafen war, stach ihn schon wieder ein spitzer Stachel zwischen den Zehen – ja, einmal sogar mitten in die Schnauze – so daß er brüllend aufspringen und weiterlaufen mußte. Denn diese ekelhafte stachlige Kugel konnte er doch nicht verschlucken. Von den vielen Stichen schwollen die Füße an, nur hinkend konnte sich Reißzahn weiterschleppen. Und Stachelborst war immer dicht hinter seinen Fersen her.

Als die anderen Tiere sahen, wie mutig der kleine Stachelborst war, kamen sie überall aus ihren Verstecken hervorgekrochen und liefen lachend und spottend hinter dem lahmen, müden Reißzahn her: Pex, Pax, Pox, der dreibeinige Pux, Pürzelchen, Plüschnäschen und Sammetpfote, ja, sogar Silberfleck, der kleine Maulwurf, folgte eifrig mit seinen kurzen krummen Schaufelpfoten dem langen Zug, der, von Stachelborst angeführt, mit lautem Gelächter und Gesang den hinkenden Reißzahn vor sich her trieb.

Und alle Tiere sangen:

»Reißzahn, Reißzahn, lauf nach Haus,
heul dort deine Lieder!
Reißzahn, Reißzahn – reiße aus –
und komm niemals wieder!«

Da lief Reißzahn, laut heulend, mit eingekniffenem Schwanz, über den Lusen nach Böhmen zurück und ist nie mehr in den Bayrischen Wald gekommen. Nur weit, ganz weit, in den Urwäldern am Kubany, hörte man ihn noch heulen. Und das Heulen wurde immer leiser und leiser:

»Huuu ... huu ... hu ... u ...« – bis es ganz verstummte.

Stachelborst aber und Pex, Pax, Pox, Pux, Pürzelchen, Plüschnase, Sammetpfote und Silberfleck – natürlich kam auch Zottelschwanz herbeigehüpft, nachdem er sich den braunen Sommerpelz angezogen hatte – reichten sich oben auf dem Gipfel des Lusen die Pfoten, sprangen in der Runde, tanzten einen Freudentanz und sangen laut, daß es weit über die Wälder schallte:

»Reißzahn, Reißzahn – reiße aus –
und komm niemals wieder!«

Spitzpudeldachs

Spitzpudeldachs war alt und blind und taub geworden. Nur auf dem linken Ohr konnte er noch etwas hören, wenn er es spitzte, und nur mit dem rechten Auge etwas sehen, wenn er blinzelte. Außerdem hinkte er: Die mutigen Jäger von Bogen hatten ihm ja die rechte Vorderpfote abgeschossen, weil sie ihn für einen Wolf gehalten hatten. Und darauf war Spitzpudeldachs sogar etwas stolz, und er hinkte stärker, als es eigentlich nötig war, damit alle es sehen konnten: »Seht – man hat mich für einen Wolf gehalten!«

Nein, wie ein Wolf sah er wirklich nicht aus, obgleich seine Ohren spitz waren. Die hatte er von seinem Ur-ur-Urgroßvater, der ein echter Spitz gewesen war, und er spitzte sie gern, auch wenn er kaum noch etwas hören konnte. Und das krause Struwelfell hatte er von seiner Großmutter, die ein Pudel gewesen war, und von ihr hatte er auch den scharfen Verstand und die kluge Vorsicht, die andere Hunde manchmal »Feigheit« nennen.

Und vom Großvater, einem Dackel, hatte er die krummen Beine und den Eigensinn. So war Spitzpudeldachs manchmal stolz und ein wenig dumm, manchmal klug und ein wenig feige – und immer furchtbar eigensinnig.

Noch immer wartete Spitzpudeldachs in seiner alten Hundehütte auf sein Herrchen, das junge Zweibein, das nun in der Stadt in die Schule gehen mußte. Und obgleich das große Haus leer war, und er hier nichts zu fressen bekam, kehrte er immer wieder in seine alte Hundehütte zurück, leckte den Pfotenstummel, spitzte das linke Ohr, blinzelte mit dem rechten Auge und wartete auf sein Herrchen. Denn beim Wastlhuber, dem Forstmeister, wo man ihn in Pflege gegeben hatte, hielt er es nicht aus: die beiden Dackel Langschnauze und Krummbein zausten ihn immer respektlos an den Ohren – weil er ja kein echter Dackel war – und Pepi, die Köchin, gab ihm nur die Knochen, an denen überhaupt nichts mehr dran war. Nein, da hatte er es hier oben in der alten Hundehütte doch noch besser – obgleich der Regen durchfloß, das Stroh verfault war, und der eisige Böhmerwind durch die Ritzen blies. Aber

Spitzpudeldachs hatte ja ein dickes Struwelfell, und wenn er sehr hungrig war, lief er nachts ins Dorf, schnüffelte auf den Düngerhaufen umher, bis er irgendwo etwas zum Nagen fand.

Ein richtiges Hundeleben – aber besser ein Hundeleben, als gar kein Leben, dachte Spitzpudeldachs. Und dann dachte er immer wieder an sein Herrchen – an die vielen Spiele, die sie miteinander gespielt hatten: an das Stöckchenspiel, das Steinchenspiel, das Versteckspiel, an das Klettern auf dem weißen Quarzfelsen, an das Baden in der Ohe; und wie einmal das Herrchen, als es noch ganz klein war, zu ihm in die Hundehütte gekrochen war, den Kopf auf sein Zottelfell gelegt und mit ihm zusammen geschlafen hatte.

Wie nett sind doch Zweibeine, wenn sie klein sind, dachte Spitzpudeldachs: wenn sie auch auf allen Vieren kriechen! Warum müssen Zweibeine wachsen! Warum müssen sie auf zwei Beinen gehen? Alles Unglück kommt wohl daher, daß die Zweibeine ihren Kopf so hoch in der Luft tragen. Ob mein Herrchen auch einmal so werden wird? So groß wie die anderen Zweibeine? Ob er noch seinen Kopf an meine Wange legen, mein Ohr kraulen, den Rücken kratzen wird? Wie gut das tat. Jetzt kratzt und streichelt mich niemand. Und dabei juckt mich der Rücken so. Ich fürchte, ich habe nun auch schon die Räude. Mein schönes krauses Pudelhaar, das ich von meiner Großmutter geerbt habe, wird immer dünner. Bald bekomm ich eine Glatze. Und auch mit dem rechten Auge kann ich nur noch einen schwachen Lichtschimmer sehen. Mit dem linken Ohr kaum noch die Glocke von Bogen hören. Ein Glück, daß wenigstens meine Nase noch gut ist, daß ich die Knochen und Überreste auf dem Düngerhaufen finden kann. Nur einmal möchte ich noch Herrchens kurze Hose beschnuppern, seine kleine feste Pfote lecken. Und dann will ich sterben ...

So dachte und träumte Spitzpudeldachs in seiner Hundehütte. Der Regen tröpfelte durch das Dach, der Böhmerwind blies durch die Ritzen – aber Spitzpudeldachs rollte sich fest zusammen, steckte die Schnauze unter den zottigen Schwanz, seufzte tief und schlief ein. Als er am Morgen zum Loch hinausblinzelte, war alles weiß: dicker, hoher Schnee lag auf dem Hof, der eisige Böhmerwind hatte

Schnee gebracht, und noch immer schneite es in dichten Flocken.

Ein Hundewetter, ein Hundewetter, dachte Spitzpudeldachs, als er aus der Hütte herauskroch und auf seinen drei Beinen ins Dorf humpelte, um irgend etwas Eßbares zu suchen. Aber alle Düngerhaufen waren schon tief verschneit, und wo er auch die Schnauze hineinbohrte und mit der Pfote scharrte, fand er nichts als Mist, und dazu war er denn doch zu stolz, um einfach Kuhdünger zu fressen.

Etwas muß man auf sich halten, dachte Spitzpudeldachs, mein Ur-ur-Urgroßvater war ein echter Spitz – wenn der wüßte, daß ich mich von Kuhfladen nähre, würde er sich im Grabe umdrehen. Nein, so heruntergekommen bin ich noch nicht. Alles hat seine Grenzen. Vielleicht gibt mir die gute Frau Arbinger etwas – ich glaube, sie haben eben ein Schwein geschlachtet!

Und Spitzpudeldachs schnüffelte mit der Schnauze in der Luft und kratzte an der Tür von der Tafernwirtschaft. Und wirklich: Frau Arbinger warf ihm nicht nur einen herrlichen Knochen, sondern auch ein saftiges Darmstück hin – wie das schmeckte! Den Knochen trug Spitzpudeldachs in seine Hütte und nagte noch tagelang an ihm.

So ein Knochen ist nicht nur nahrhaft, sondern auch eine wunderbare Beschäftigung: man hat was zu tun. Zuerst benagt man ihn auf der rechten Seite, dann auf der linken. Und man muß ihn dabei mit der Pfote festhalten, damit er nicht fortrutscht, und ein schiefes Gesicht machen und die Augen zukneifen – dann schmeckt er am besten.

Aber auch der schönste Knochen ist einmal abgenagt: er riecht wohl noch ein wenig nach Fleisch, doch vom Geruch allein kann man nicht leben. Und es schneite noch immer. Die Hundehütte war nun fast zugeschneit. Nur mit Mühe konnte Spitzpudeldachs eine Spalte freihalten. Dann und wann steckte er die Schnauze hinaus, schnüffelte und blinzelte: nichts als Schnee und Schnee, und es kam immer neuer Schnee in dicken, dicken Flocken. »Ein Hundewetter!« seufzte Spitzpudeldachs und rollte sich wieder zusammen.

Aber schlafen konnte er nicht. Der Sturm blies den Schnee in die Hütte, das Fell wurde naß, die Knochen froren, der Bauch knurrte vor Hunger. Spitzpudeldachs konnte nur mit Mühe aufstehen, arbeitete sich durch den Schnee und humpelte ins Dorf hinunter. Vor dem Kramladen blieb er schnuppernd stehen – da wurde die Tür aufgestoßen, und die Hexenreiterin jagte ihn mit dem Besen davon. Müde trottete er weiter.

Beim Arbinger, hinter der Fensterscheibe, brannte ein kleiner Lichterbaum, Kinderstimmen sangen:

»O du fröhliche, o du selige ...«

Weihnachten, dachte Spitzpudeldachs, und wieder mußte er an sein Herrchen denken, das ihm unter dem brennenden Baum immer zwei dicke Regensburger Würste gegeben hatte. »Ob man mir heute auch was geben wird?«

Vorsichtig kratzte er an der Tür. Aber niemand hörte es. Lange saß Spitzpudeldachs da, spitzte das linke Ohr, blinzelte mit dem rechten Auge und träumte von einer dicken, warmen Weihnachtswurst.

Endlich wurde die Tür aufgerissen, der Schwamminger Sepp stolperte gröhlend über die Schwelle. Spitzpudeldachs wollte grade hineinschlüpfen, da versetzte der Schwamminger ihm einen solchen Tritt in den Bauch, daß er heulend in den tiefen Schnee rollte.

»Sauluder, damisches!« brüllte der Schwamminger und torkelte nach Hause.

Nur mühsam konnte Spitzpudeldachs endlich aufstehen und sich bis zum Walde schleppen. Nein, hinauf zu seiner Hundehütte konnte er nicht mehr, dazu war er zu schwach. Wenn die Zweibeine ihn sogar am Weihnachtsabend mit Fußtritten fortjagten, dann hatte er nichts mehr im Dorf, nichts bei den Zweibeinen zu suchen. Ob die Vierbeine ihm helfen würden?

Es hatte sich etwas aufgeklärt, der Vollmond trat aus den Wolken. Weiß leuchtete der Quarzfelsen zwischen schwarzen Tannen. Spitzpudeldachs hockte sich am Waldrande hin, spitzte das Ohr und blinzelte in das Mondlicht. Da fielen zwei lange, spitze Schatten auf den Schnee: Langlöffel humpelte vorbei.

Spitzpudeldachs wedelte freundlich mit dem Schwanz, winkte ihm zu – aber Langlöffel schrie entsetzt:

»Nur keine Angst! Nur keine Angst!« und rannte mit hochgehobenem Pürzel davon.

Beim Ulrich gackerten erschrockene Hühner. Bald darauf kam der kleine dreibeinige Pux mit einem fetten Huhn in der Schnauze vorbeigehinkt.

»Gib mir doch einen Bissen ab!« stöhnte Spitzpudeldachs und hob schnuppernd die Schnauze.

»Alles für mich! Alles für mich!« lachte Pux und humpelte schnell weiter.

Da knackten die Äste. Braunauge, der Rehbock, trat aus dem Dickicht heraus und stellte sich so in den Mondschein, daß er sein eigenes Schattenbild betrachten konnte. Ja, der erste Ansatz der neuen Gehörnknollen war deutlich zu erkennen – und stolz wendete Braunauge das Haupt hin und her und bewunderte sein neues Werk und seine schlanke Gestalt. Vielleicht wird es diesmal doch ein Geweih werden! dachte er. So ein Geweih, wie es die Hirsche haben, mit vielen Enden und Perlen! Denn das war sein heimlicher Traum.

»Liebes Reh!« wimmerte Spitzpudeldachs – aber weiter kam er nicht: Braunauge machte einen gewaltigen Satz und war hinter den Wacholderbüschen verschwunden. Aus dem dunklen Dickicht bellte er noch lange vergrämt: »Ich für mich! Ich für mich!«

Silberfleck und Stachelborst schliefen ihren tiefen Winterschlaf – und wie hätten sie Spitzpudeldachs auch helfen können, da sie ja selbst so klein waren und wenig zu fressen hatten.

Da schnalzte es hoch oben von einer Tanne: Zottelschwanz wiegte sich im Mondschein auf dem Wipfel und knabberte an einem Zapfen.

»Lieber Zottelschwanz«, winselte Spitzpudeldachs, »ich habe dich zwar oft angebellt, aber es war nicht bös gemeint – kannst du mir nicht etwas zum Knabbern geben?«

»Lieber Spitzpudeldachs, du trägst zwar auch einen Zottelschwanz, aber du gehörst nicht zum Waldverband der Zottelschwänze! Trotzdem will ich dir etwas zum Knabbern geben!« Und Zottelschwanz warf dem Spitzpudeldachs den leergeknabberten Tannenzapfen an den Kopf und hüpfte kichernd und schnalzend auf den nächsten Baum.

Spitzpudeldachs war so hungrig, daß er sogar am leeren Zapfen nagte. Aber der schmeckte bitter. Er spuckte ihn aus. Nein, auch die Vierbeine halfen ihm nicht. Jetzt blieb ihm nichts anderes übrig, als zu sterben. Denn leben konnte er nicht mehr. Wenn auf der Erde kein Platz und kein Futter für ihn war – vielleicht würde er im Himmel etwas Stroh und einen Knochen finden – mehr brauchte er ja nicht. Und das mußte der liebe Gott doch noch für ihn haben.

Spitzpudeldachs grub ein tiefes Loch in den Schnee, legte sich hinein, rollte sich zusammen, seufzte, faltete die müde Pfote und den Stummel, so gut er konnte, und betete:

»Lieber Gott! Ich bin ja nur ein alter, blinder, tauber und räudiger Hund, der zu nichts mehr taugt, und die Wahrheit zu gestehen, so stinke ich auch etwas, denn mein Fell ist alt und dreckig, und gewaschen habe ich mich schon lange nicht. Ich weiß, in deinen wohlriechenden Himmel, wo lauter schöne Engel sind, passe ich nicht hinein. Und niemals ist mir auch nur im Traum der Gedanke gekommen, dich um Einlaß zu bitten. Aber nun weiß ich mir keinen anderen Rat: das Zweibein wirft mich sogar am heiligen Weihnachtsabend mit Fußtritten hinaus, und auch die Vierbeine, meine Brüder, wollen nichts von mir wissen. Auf dieser, wie mir scheint, etwas verrückt gewordenen Erde ist kein Platz für mich. Und da wollte ich dich fragen, ob in deinem großen Himmel vielleicht ein Plätzchen frei ist: nur so groß, daß ich mich zusammengeringelt hinlegen kann – mehr brauche ich nicht. Eine Handvoll Stroh und einen kleinen Knochen am Tag – das genügt mir vollkommen. Ich will ganz mucksmäuschenstill liegen, gar nicht bellen, mich nur ganz selten kratzen und möglichst wenig stinken – du wirst es kaum merken. Lieber, lieber Gott – nimm mich in deinen Himmel!«

Mit einem tiefen Seufzer schlief Spitzpudeldachs ein. Und er hatte einen wunderbaren Traum: sein Herrchen kam zu ihm ins Schneeloch gekrochen, legte den Kopf auf sein Zottelfell, und beide knabberten an einer dicken, warmen Weihnachtswurst – jeder an einem Ende! Und die Weihnachtswurst war so groß, daß sie gar nicht aufhörte ...

Während Spitzpudeldachs noch selig träumte, kam der Weihnachtsmann durch den tiefen Schnee gestapft. Obgleich der Weihnachtsmann sehr alt ist, hat er doch gute Ohren, und so hatte er das Gebet von Spitzpudeldachs gehört. Er war gerade in Weißenstein gewesen, und da sein Sack nach der Bescherung leer war, hob er Spitzpudeldachs auf, stopfte ihn in den Sack und trug ihn noch in derselben Nacht zur Himmelspforte.

Aber der alte Petrus wollte ihn nicht hereinlassen:

»Ein räudiger, stinkender Hund«, brummte er: »eine nette Weihnachtsbescherung! Nein, für solche Köter habe ich keinen Platz!«

Der Weihnachtsmann bat aber so lange, bis Petrus doch die Pforte öffnete:

»Natürlich nur in den Hundehimmel«, brummte er: »hier gleich links den langen Korridor hinunter, dann rechts die dritte Tür!«

Spitzpudeldachs war inzwischen aufgewacht, steckte den Kopf aus dem Sack hinaus und sah sich verwundert um: es war hell und warm und roch nach Hunden und herrlichen Knochen, und als er das rechte Ohr spitzte, hörte er ein himmlisches Hundegeheul.

»Was bringst du da für einen Köter?« fragte Erzengel Michael und zückte sein flammendes Schwert, so daß Spitzpudeldachs das Auge wieder zukneifen mußte.

»Ich glaube, es ist ein Spitz«, sagte der Weihnachtsmann und zeigte auf Spitzpudeldachs' spitze Ohren.

»Dann rechts den Gang hinunter und links die fünfte Tür!« Erzengel Michael zeigte mit dem Schwert auf eine weißlackierte Pforte. Hinter einem weißlackierten Gitter wimmelte es von blendend weißen, glattgestriegelten Spitzen, die alle neugierig ihre weißen Ohren spitzten. Als aber Spitzpudeldachs nun aus dem Sack hervorkroch, heulten alle Spitze auf:

»Nein, nein – das ist kein echter Spitz! Pfui, was für ein Struwelfell!«

»Ja«, seufzte Spitzpudeldachs verlegen: »meine Großmutter war ein Pudel!«

»Pfui, ein Pudel! Den lassen wir nicht zu uns herein!« heulten die echten Spitze.

Da trug der Weihnachtsmann Spitzpudeldachs zu dem Pudelhimmel. Aber hier ging es ihm nicht besser:

»Nein, nein – das ist kein echter Pudel! Pfui, was der für krumme Pfoten hat!« kläfften die Pudel.

»Ja«, seufzte Spitzpudeldachs beschämt: »mein Großvater war ein Dackel!«

Aber auch die Dackel wollten nichts von Spitzpudeldachs wissen:

»Nein, nein – das ist kein echter Dackel! Was für einen schrecklichen Schwanz er hat! Und was für spitze Ohren!« heulten und kläfften die Dackel so wild, daß Spitzpudeldachs, der ja klug war, mit eingekniffenem Schwanz davonrannte.

Nein, auch im Himmel war nirgends ein Platz für ihn. Aber in den Sack und auf die Erde zurück wollte er auch nicht. Deshalb rannte er, was er konnte, den langen Korridor immer weiter: er wollte zum lieben Gott.

»Pst!« flüsterte ein kleiner Engel, der ihm begegnete, und legte den Finger an den Mund: »Pst! Der liebe Gott schläft! Hier muß man ganz leise sein und darf nur auf den Fußspitzen gehen!«

Da hockte sich Spitzpudeldachs hin und fing an zu weinen: denn er konnte beim besten Willen nicht auf den Zehen gehen, weil ja die eine Pfote abgeschossen war und er auf dem Stummel hinken mußte. Und wenn der liebe Gott schlief – wie konnte er dann mit ihm sprechen? Und er schluchzte immer lauter – ja, er war so verzweifelt, daß er sogar zu winseln anfing.

»Pst, pst!« flüsterte der kleine Engel, nahm Spitzpudeldachs auf den Arm, hielt sich die Nase zu und trug den stinkenden, räudigen Hund schnell in ein Badezimmer. Denn er war ja ein Engel.

Hier wusch er ihn gründlich mit heißem Wasser und grüner Seife ab, schrubbte das zottige, räudige Fell, reinigte auch die eitrigen Augen und den abgeschabten, schmutzigen Pfotenstummel und trocknete ihn mit einem Frottiertuch ab.

Aber Spitzpudeldachs schluchzte noch immer.

»Ich will zum lieben Gott«, winselte er, »zum lieben Gott!« Und er kratzte mit der Pfote an der Tür.

Da hörte er eine tiefe, freundliche Stimme:

»Wer winselt da? Wer will mich sprechen?«

Der kleine Engel ließ vor Schreck das Frottiertuch fallen: der liebe Gott war eben aus seinem Mittagsschlaf aufgewacht – wahrscheinlich hatte das Winseln von Spitzpudeldachs ihn geweckt.

»Ein Hündchen«, stotterte der Engel, »ein Hündchen will dich sprechen!«

»Laß das Hündchen zu mir kommen!« befahl die Stimme.

Kaum hatte der Engel die Badezimmertür geöffnet, rannte Spitzpudeldachs hinaus, immer gradeaus durch viele Korridore und Säle – denn jetzt, mit den reingewaschenen Ohren, hörte er ganz deutlich, wie der liebe Gott mit den Fingern schnipste – genau so, wie das kleine Herrchen es manchmal getan hatte.

Endlich kam Spitzpudeldachs in einen großen, hellen Saal. Und der liebe Gott thronte auf einer weißen Wolke, die Füße auf einem kleinen Wolkenschemel.

»Was willst du, Spitzpudeldachs?« fragte der liebe Gott.

Spitzpudeldachs hockte sich vor dem Schemel hin, spitzte das linke Ohr und blinzelte mit dem rechten Auge – denn es blendete sehr – und winselte, was er auf dem Herzen hatte.

Als der liebe Gott alles angehört hatte, fragte er streng:

»Und hast du mir nichts verheimlicht? Hast du mir auch alles gebeichtet?!

Spitzpudeldachs machte einen schiefen Kopf und dachte nach. Dann sagte er leise:

»Wenn ich auch Zottelschwanz nie fangen konnte – so *wollte* ich ihn doch fangen. Und ich glaube bestimmt, dann hätte ich ihn auch totgebissen. Nur weil ich nicht klettern konnte, hab ich es nicht getan!«

»Ist das alles?« fragte der liebe Gott und sah Spitzpudeldachs streng und durchdringend an.

Spitzpudeldachs drehte den Kopf auf die andere Seite und dachte wieder nach. Dann winselte er:

»Wenn ich auch Langlöffel nie fangen konnte – so *wollte* ich ihn doch fangen. Und ich glaube bestimmt, dann hätte ich ihn auch gefressen. Nur weil ich nicht so schnell laufen konnte, hab ich es nicht getan!«

»Ist das alles?« fragte der liebe Gott noch einmal und hob den Zeigefinger.

Spitzpudeldachs kräuselte die Stirn, dachte nach und schüttelte den Kopf:

»Sonst weiß ich nichts mehr!«

Da zog der liebe Gott die Augenbrauen zusammen und sagte sehr ernst:

»Und wie war es mit Silberfleck, dem Maulwurf?!«

»Ja, du hast recht«, wimmerte Spitzpudeldachs: »ich *wollte* ihn fressen – ich war so hungrig ...«

»Aber du hast ihn doch am Leben gelassen«, lächelte der liebe Gott und strich sich den weißen Bart. »Und weil du den kleinen Silberfleck leben ließest, obgleich du selbst so hungrig warst, kannst du nun immer bei mir bleiben! Hier, auf meinem Fußschemel hast du Platz, und jeden Tag sollst du einen Knochen bekommen!«

Da heulte Spitzpudeldachs vor Freude, sprang auf den kleinen weißen Wolkenschemel, rollte sich zusammen, seufzte tief vor lauter Glück, und da er sehr müde war, schlief er gleich selig ein – den Kopf an Gottes Füße geschmiegt.